Das geheime Tagebuch
König Ludwigs II. von Bayern

Porträt um 1864.

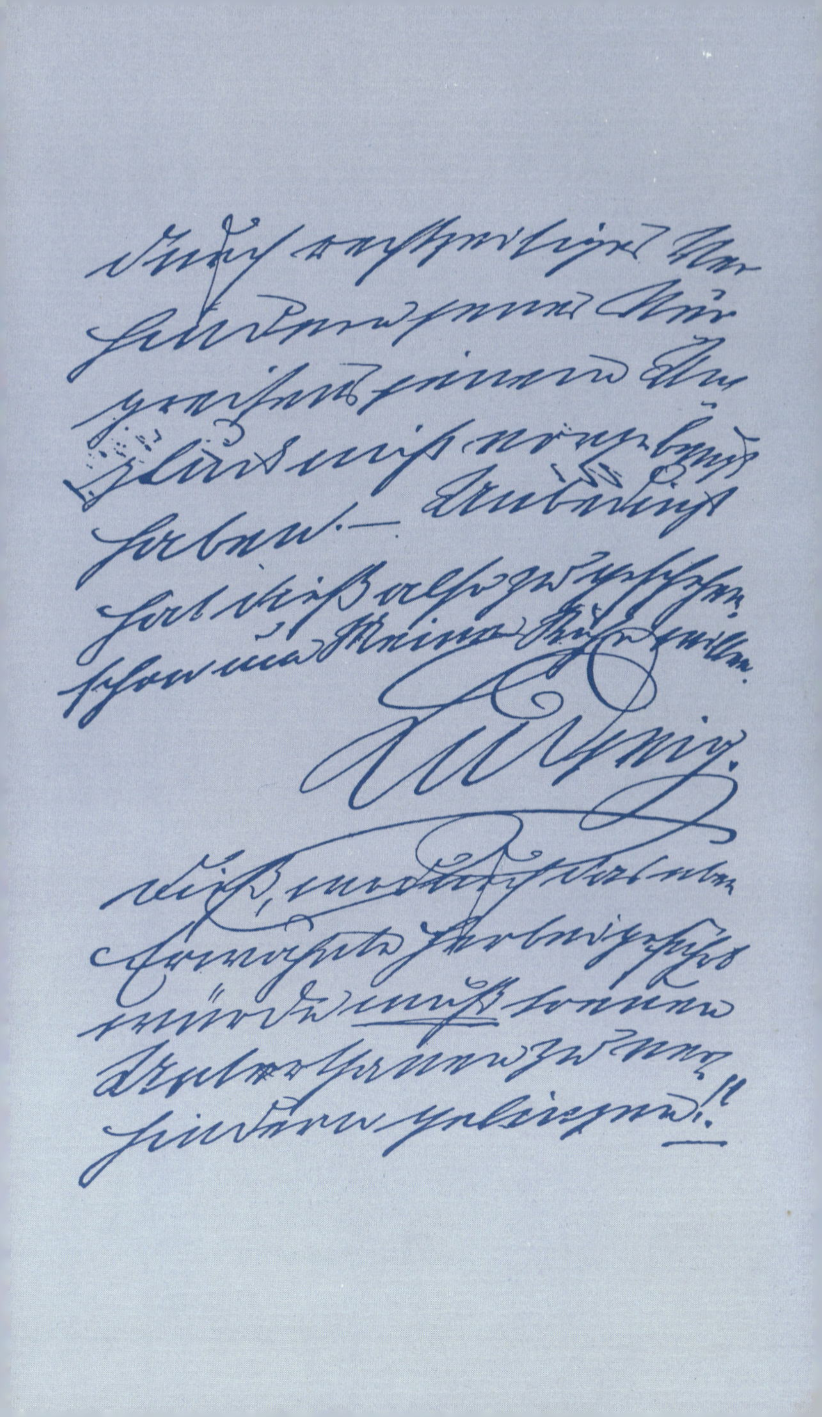

Durch verschiedenartige Ver-
hinderungen war es mir
[illegible]
[illegible] mich [illegible]
haben. — Unbedingt
hat dieß [illegible]
schon um Meiner Ruhe willen.

Ludwig.

dieß, [illegible]
[illegible]
[illegible] muß [illegible]
[illegible]
[illegible]!!

Das geheime Tagebuch

König Ludwigs II. von Bayern 1869–1886

Erläutert und kommentiert von Siegfried Obermeier

nymphenburger

Anmerkung des Herausgebers

Alle in diesem Tagebuch vorkommenden Familien- und Ortsnamen konnten bis auf wenige Ausnahmen entschlüsselt werden. Bei Begriffen wie »Richard Wagner«, Ortsnamen wie »Kochel« etc. darf vorausgesetzt werden, daß sie keiner Erklärung bedürfen.

Unleserliche Stellen sind mit [...] bezeichnet, Ergänzungen des Herausgebers stehen ebenfalls in eckigen Klammern. Vor dem Beginn einer neuen Tagebuchseite wurde ein * gesetzt. Die Orthographie bleibt unverändert, kleinere Fehler wurden ausgebessert.

Bildnachweis:
Archiv für Kunst und Geschichte, Berlin:
S. 1, S. 13, S. 41, S. 85, S. 95, S. 107, S. 141.

Hansmann, München: S. 63, S. 153

Vorsatz vorne und hinten:
Faksimile einer Handschrift Ludwigs II.

2. Auflage 2000 – Limitierte Sonderausgabe

Schutzumschlaggestaltung: Wolfgang Heinzel
Schutzumschlagmotiv: Ludwig II. auf dem Söller
des Thronsaales von Schloß Neuschwanstein,
Gemälde von Ferdinand Leeke, Photo: AKG Berlin
Gesetzt aus 10/13 p Optima
Druck: Jos. C. Huber KG, Dießen
Binden: Thomas Buchbinderei, Augsburg
Printed in Germany
ISBN: 3-485-00862-1

Inhalt

Einführung

Dieses »geheime Tagebuch« wurde erstmals zum 100. Todestag König Ludwigs II. von Bayern veröffentlicht. Seitdem hat sich am »Nachruhm« dieses Königs nur wenig geändert. Er ist und bleibt der »Märchenkönig«, der uns von unzähligen Bildern groß, schlank und schön mit seinen irritierenden Träumeraugen anblickt. Auch wer es weiß, verdrängt ohne Schwierigkeit das weniger bekannte Bild eines aufgeschwemmten, seelisch schwer gestörten Menschen, der gegenüber seinen Dienern handgreiflich wurde, in den Nächten Freßorgien feierte, die Tage verschlief und zeitlebens über abenteuerlichen Plänen brütete. Diese Dinge sind heute längst bekannt, und wer will, kann sich in der ständig anwachsenden Ludwigsliteratur auch über die Schattenseiten des Märchenkönigs informieren.

Sein tragischer, geheimnisumwitterter Tod, sein selbstloses Mäzenatentum gegenüber Richard Wagner, seine Schlösser, die das gesamte darniederliegende bayrische Kunsthandwerk wieder in Schwung brachten, seine Leutseligkeit einfachen Menschen gegenüber – Ludwig Thoma hat davon in seinen

»Erinnerungen« ein schönes Bild gezeichnet – ließen vieles vergessen, was weniger schön, weniger nobel und gar nicht märchenhaft war.
Es wäre nun die Frage zu stellen, ob dies den ganzen König ausmacht, ob wir ihn heute – soweit dies bei einem Menschen überhaupt möglich ist – biographisch lückenlos erfassen können. Schließlich war er der konstitutionelle König des zweitgrößten Staates im Deutschen Reich, auf den die Blicke seines Volkes, seiner Minister und Hofbeamten, seiner Verwandten und seiner zahlreichen Dienerschaft gerichtet waren. Da gibt es kaum einen Tag, der nicht belegt ist, und viele von denen, die ihn näher kannten, haben gedruckte Erinnerungen hinterlassen. Sicher, im Zusammenhang mit seinem Tod wird manches für immer ungeklärt bleiben, doch es gibt durch Indizien gestützte Mutmaßungen, die viel für sich haben und der Wahrheit wohl sehr nahe kommen. Was also fehlt, was blieb der Nachwelt von König Ludwig verborgen?
Sigmund Freud hat verkündet, daß der Mensch vor allem ein sexuelles Wesen ist und seine sämtlichen Handlungen durch den Sexualtrieb motiviert sind – eine inzwischen zwar revidierte, doch nicht widerlegte Theorie. Gerade diesen Aspekt aber hat man in der zweiten Hälfte des 19. Jahrhunderts völlig ver-

drängt. Wir wissen, daß Ludwig II. homosexuell veranlagt war, daß seine Verlobung hauptsächlich daran scheiterte und daß er alles tat, seine »Abartigkeit« zu verbergen. Verfolgen wir diesen Gedanken weiter und fragen uns: Wie kam er damit zurecht? Hier sind wir an einem Punkt angelangt, da wir uns eingestehen müssen: Diese Seite Ludwigs bleibt im dunkeln, und wir können darüber nur Vermutungen anstellen. Um bei Freud zu bleiben: Hat Ludwig II. seine gesamte Libido auf Oper, Theater, Lektüre und seine Bautätigkeit verlagert und so dieses Problem gelöst?

Daß dem nicht so ist, beweist das vorliegende, erstmals in Deutschland vollständig veröffentlichte Tagebuch. Wenn wir es ein »geheimes« nennen, so geschieht dies nicht ohne Grund. Ludwig war ein spontan empfindender Gefühlsmensch, der sich bei seinen Äußerungen in Wort und Schrift keinerlei Zwang auferlegt hat. In Hunderten von überschwenglichen Briefen hat er sich anderen »in die Arme geworfen«, wollte für seine Freunde »gerne den Tod erleiden«, gehörte ihnen an »bis zum letzten Schlag meines Herzens«. Als Wagners »Tristan« in München aufgeführt wurde, richtete er an den Komponisten die Zeilen:

»Einziger! Heiliger! Wie wonnevoll! Vollkommen! So angegriffen von Entzücken! Ertrinken ... versinken ...

unbewußt – höchste Lust. Göttliches Werk! Ewig treu – bis über den Tod hinaus!«

In solchen Briefen finden wir Hinweise auf alles, was ihn berührte, was sein Leben ausmachte, was ihm wichtig war.

So rückhaltlos er seine Gefühle in diesen Briefen offenbarte, so wenig verraten sie etwas über seine sexuellen Probleme. Doch auch diese intimsten Empfindungen behielt er nicht für sich, er vertraute sie einem Tagebuch an. Es mag uns seltsam berühren, wenn wir darin Wagners Tod nicht erwähnt finden, nichts über seine Eltern oder den Bruder Otto, kaum etwas über seine Bautätigkeit, die sich überwiegend im Zeitraum des vorliegenden Tagebuchs abspielte. Doch diese Dinge betrafen sein anderes Leben, dafür gab es in Gesprächen und Briefen ein ausreichendes Ventil. Was ihn im Innern bewegte, wofür er sich schämte und wovon niemand etwas wissen sollte – das schrieb er ins Tagebuch.

Dieses erschütternde Dokument ist eine einzige Kette von Selbstvorwürfen, Schwüren, Vorsätzen, Beteuerungen, Gebeten und Anrufungen. Wir sehen, daß die guten Vorsätze am Ende immer und immer wieder in Niederlagen und bitterer Reue endeten. Ludwig litt unter seiner Veranlagung und hat sich, da kein anderer Ausweg blieb, mit Selbstbefriedigung und gelegentlichen Küssen und Umarmungen trügerische Erleichterung verschafft. Nach allem, was man heute von ihm weiß – das Tagebuch stützt diese Vermutungen –, hat er niemals intime Beziehungen zu einem Menschen unterhalten, obwohl man die Theorie, die der Herausgeber in seinem Buch »Münchens Goldene Jahre« aufgestellt hat, nicht ganz verwerfen kann, nach der Ludwig mit der Bildhauerin Elly Ney eine kurze, heftige Liebschaft unterhielt, der vielleicht sogar ein Sohn entsprossen sein könnte. Doch das entfernt uns zu weit vom Tagebuch, zu dessen Geschichte noch einige Worte zu sagen sind.

Die hier wiedergegebenen Tagebuchnotizen waren in zwei voluminösen Prachtalben niedergelegt, wovon eines den Zeitraum von 1869 bis 1885, das andere nur das Todesjahr 1886 umfaßte. Aus informierter Quelle hörte ich, es gebe noch einen dritten – also eigentlich den ersten – Band, und zwar aus der Zeit von 1864 bis 1869.

Der bayrische Staatsminister Johann Freiherr von Lutz (1826–1890), dem Ludwig II. – trotz mancher Anfeindungen – nie das Vertrauen entzog, gelangte nach des Königs Tod in den Besitz der beiden Bände. Während dieser Zeit wurden einige Abschriften gefertigt, und nach dem Ersten Weltkrieg ließ es der Stiefsohn des Freiherrn v. Lutz in sehr geringer Auflage in Liechtenstein drucken. Die Originalbände sind während des Zweiten Weltkriegs verloren gegangen. Den meisten Lesern wird dieses Tagebuch auf weiten Strecken schwer verständlich sein. Der Herausgeber hat sich deshalb bemüht, Hinweise und verbindende Kommentare zu geben, Abkürzungen zu entschlüsseln, Zusammenhänge herzustellen. Daß dies nicht immer gelingen konnte, gestehe ich gerne ein: dies gilt vor allem für die Passagen, wo der König sich in private Mystizismen verliert oder nur Stichworte anmerkt, deren Bedeutung heute nicht mehr zu enträtseln ist.

Was bleibt, ist das erschütternde und rührende Zeugnis eines Menschen, der glaubte, sich und sein Königtum »rein« erhalten zu müssen, weil ihn eine muffige, verlogene und pädagogisch völlig fehlgeleitete Erziehung zusammen mit mystisch-verstiegenen Vorstellungen vom eigenen Königtum dazu trieb. Ich hoffe, daß dieses Tagebuch das Bild von König Ludwig II. ergänzt, Verständnis und Mitleid weckt für einen Menschen, der mit sich selber im Kampf lag und dabei immer wieder verlor. Man sollte sich dies vor Augen halten, wenn man Ludwig II. den »Märchenkönig« nennt.

Tagebuch

1869–1872

Schlittenfahrt Seiner Majestät des Königs Ludwig II., Bildpostkarte.

Au nom du Père, du Fils et du Saint Esprit!

Ich liege im Zeichen des Kreuzes (Erlösungstag unsres Herrn) im Zeichen der Sonne (Nec pluribus impar!) u. des Mondes (Orient! Wiedergeburt durch Oberons Wunder Horn. –) Verflucht sei ich u. meine Ideale, wenn ich noch fallen sollte Gott sei Dank, es ist nicht mehr möglich denn es schützt mich Gottes heiliger Wille, des Königs erhabenes Wort! – nur psychische Liebe allein ist gestattet die sinnliche dagegen verflucht Ich rufe feierlich Anathema über sie aus: »Du nahst als Gottgesandte, ich folg' aus holder Fern, so fährst du in die Lande, wo ewig strahlt dein Stern –
<u>Adoration à Dieu et la sainte religion! Obéissance absolue au Roy et à sa volonté sacrée. –</u>[1)]

*

Fahrten im Rococo-Schlitten in (Martin, Ranke) gelesen. – Wonne, Jubel nicht zu nennen [...] und mir meine Ruh Theurer ewig reich ich Dir, meine Hand, neu zu entbrennen, stets nach Dir, gestatt' es mir Keine heftige Bewegung, nicht zu viel Wasser, Ruhe, Schonung geschworen im Namen LW[2] wenn Erhörung meines Flehens, Erfüllung meines Sehnens mir wonnig erblüht. – Amen! – Am 3. Dec. Abends W. kennen gelernt, der Arme am 5. beim Nachhause gehen sich sehr verletzt, – Segen über Ihn! – Kleinere Fahrten (Histoire populaire de France!) Luitprand! – Am 11. vergebliche Fahrt nach dem Linderhofe, 1/2 4 Morgens zurück Montag 1 Uhr mit R.[3] Fahrt über Pfronden »Tannheimer, Kofel (Vatout, Versailles, Delobel!) Gacht! (Ein Engel bat für Dich auf Erden; schon schwebt Er segnend über Dir!) [...] wenn Sie entschwebt vom Thal der Erden, ein sel'ger Engel dort zu werden! [...] Weissenbach Reutte, Nacht, zurück. – Vortrag; (Service-

Skizzen über das Leben des großen Königs!)
8 Uhr Mondenglanz.
Fahrt Reutte (Kunstreiter) Plansee, die schönen Schlitten [gleitend?] bei magischem Mondenschein, durch den düstern, schneebedeckten Tannenwald! 12 Uhr im geliebten Linderhofe, wo Tmeicos[4] – Ettal's Wunder-Pracht sich wonnig entfalten soll! –

*

De par le Roy.[5]

Vom Thronhimmel des Königlichen Bettes auf immer hinweg verlegt, nach jenem weichen Polster eines orientalischen Traum Ortes, doch nun auch hier nicht wieder, überhaupt keinenfalls vor dem 10. Febr. dann immer seltener, immer, immer seltener – – – Hier gilt kein »car tel est notre bon plaisir« – sondern es ist jetzt ist es strenge einzuhaltendes Gesetz u. »tout justice émane du Roy.
Si veut le Roy, veut la loi. –

Une foi, une loi, un Roy.«[6]
Gegeben am 11. Jan. 70. – 4 volle Monate
vor seinem wonnigen Tage –
Wie Du mich schirmst in meiner Noth
So halt in Treu ich Dein Gebot. –[7]

*

De par le Roy.

Nicht mehr im Januar, nicht im Februar, überhaupt ist das Ganze so viel als nur irgend möglich abzugewöhnen; Mit Gottes u. Königs Kraft! – Die Unmöglichkeit wirklichen Falles ist somit ausgesprochen. – Geschworen, so wahr Gottes heiliger Wille nicht mich schütze u. des Königs erhabenes Wort. –
Ludwig

Nachtrag.
D. p. l. R.
Keine nutzlosen, kalten Waschungen mehr, Schluß seit XIV. 3. – Weihwasser. Alles

Schlechte erlöscht durch den Königs Willen. Die neuen Höhen sind im Geiste erstiegen. Schonung geboten, bei schwerer Strafe u. zu folgenden Gewissens-Bissen. –

Fahrt zu Schlux[8]*, gelesen in (François I) Hier im lieblichen Thal der Rosen, halten wir erquickende Rast [...] (Skizze, Einzug Ludwig XV. in Seine getreue Hauptstadt nach Seiner Krankheit in Metz, Residenzsaalbild, am 21. Schlangen Haus, 21. Juni. – Geschworen beim Andenken des Gelöbnisses in d. Pagodenburg*[9] *am 21. April. Beim Andenken an die allegorische Zertrümmerung des Schlechten an. Bald bin ich ein Geist geworden, reiner Aether mich umwallt, 7 7 7 geschworen ich wiederhole es u. halte es, so wahr ich der König bin, nicht mehr bis zum 21ten September. Dann anders zu versuchen, beim 3ten Male gelingt es, gedenke des 9ten Mai 3 mal 3! – Febr. – April – Juni – Septemb.*

Lilienduft! Königslust – – – – – – es hat dieser Schwur die bindende Kraft, sowie das Gelingen durch:
De Par le Roy. –

*

Feierlicher Schwur vor dem Bilde des großen Königs[10)]
»Während 3 Monaten Enthaltung jeglicher Aufregung«
»Es ist nicht gestattet Sich mehr, als auf 1½ Schritte zu nähern« –

Gegeben zu Hohenschwangau
im Jahr des Heils 29 Juni 1871
Unserer Regierung dem 8ten

Am 7 Aug. Nacht letzter Fall 14 Aug.
Durch den Fall entsühnt
Durch den belebenden stärkenden
Duft der Königlichen Lilie.
Berg. 30 July 1871
Erlösungstag, Fest 24 5 Sept
mit Niemanden mehr möglich
Höchstens R. De. ? ? ?
Y. E. R.[11]
Umstrahlt u. hell in lauter Sonne!
Schachen.[12]
Nec pluribus impar ! ! !
LR
Nachtrag 3. August! – 4. –
Im Namen u. auf Befehl der H. Königlichen
L I L I E N

*

Nicht August, nicht September mehr,
nicht Oktober
Heute Lilien – Kuß, v. Königs-Lippen
letzter! –
Schachen[12)]

*

Feste Theater, Fahrt, des Kronprinzen v Pr.[eußen] Gegenwart sehr störend u. unangenehm! Am 17. ½11 Uhr endlich wieder den angebeteten Freund nach langer Trennungsfrist wieder gesehen! Seliges Umfangen. – Beglückte Stunden, Garten, Sitzen Grotte, treu bis in den Tod. – Schwur in Gedanken vor der Ballustrade des künftigen Königlichen Lilien-Bettes. – 18. Juli – – Beherzige dieß wohl. Einige Tage in Berg, (Madame de Montespan v. Capefigue[13)] *gelesen) am 24. Juli nach dem Kreuzberg, Liliendutt, 2 Tage dort, gel. Montespan, Marie de Medici. Ergehen in der theueren Berges-Welt (Und Alpenglöcklein wonnselig klangen, wie Sie Frieden künden. Friede komm!*

– […] Don Carlos v. Pongné begonnen ein paar Tage Berg (Dr Wechser d. Verfasser v. »Mazarin«) kennen gelernt, […] Inquisitionsszene Zeltfest 29 Juli am trauten Orte gew.[esen] sehr vergnügt, Mondenglanz […] Auffenberg gesehen und am 31. nach der […] Ausflug und [Starn-]berg im 1 u. 2. Aug … (Alhambra) Diane de Poitiers. Holländerschiff mit R. ges. auf d. Schöttel [Kar] zu Mittag, Fahrt auf dem See im Mondenglanz am 3. dem Namensfeste d. Kaiserin[14] hinab, rasche Fahrt, […] später nach dem Schachen, Vorber.[eitung] zum großen orientalischen
Zimmer
gesehen. erlöst den Sept. od Okt. ? ! ! ! ! Stark ist der Zauber
des Begehrenden, stärker der des Entsagenden

*

(Schlux.)
Am 16ten über Heiterwang, Lermoos (Rast)
Partenkirchen. – über das 18te Jahr. gelesen
um 11 fort über Walchensee, Urfeld, [...]
S.h.R.H.H. [?]
Mondschein, Kesselberg, – Kochelsee, Penzberg, in die Stadt –
(horribile dictu!) –
Aussöhnung mit Richard, theurer Meiner
Seele [...] – – zu.
Am 21. dem Todes-Tage des reinen, u.
erhabenen König Ludwig XVI. symbolisch-allegorisch letzte Sünde, durch jenen
Sühnungstod u. jene Catastrophe vom 15. d. M.
geheiligt, gereinigt von allen Schlamm, ein
reines Gefäß v. Richards Liebe u. Freundschaft.
– In den Fluten wird der Ring geweiht geheiligt,
verleiht dem Träger Riesenstärke, Entsagungskraft [...] . –
[...] = Kuß heilig u. rein ein [...] einziges Mal.
Ich der König

d. 21. Jan 1872. –
Vivat Rex et Richardus in aeternum –
Pereat malum in aeternum. –[15]

3. Febr. – Hände kein einziges Mal mehr hinab, bei schwerer Strafe!
Y.E.R. –
Im Jan. Richard hier dreimal bei mir, [. . .] !
[. . .] gesungen, Residenztheater (Dekoration Louis XIV) am 31. Hofball, Ritt mit R. in Nymphenburg, (Amalienburg.[16]*) Am 28. Lohen-*
grin! – Doch bei dem Ringe selbst und mein Gedenken,

*

De Par le Roy.

Bei unserer Freundschaft sei es geschworen,
auf gar keinen Fall mehr vor 3ten Juni ...

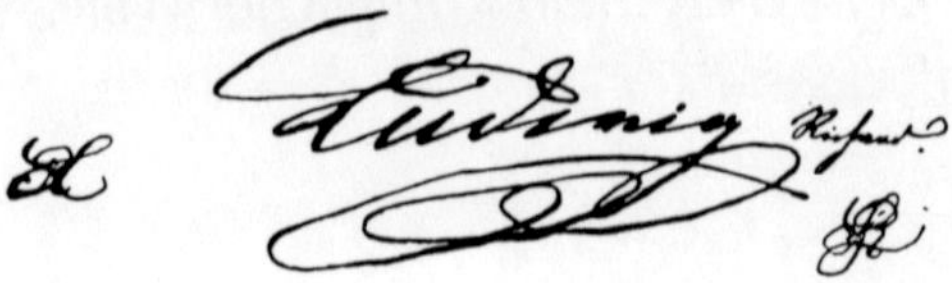

Am 6ten März 1872.
Gerade 2 Monate bevor es 5 Jahre sind, daß wir uns an jenem seligen 6ten Maitag 1867 kennen lernten, um uns nie mehr zu trennen, und nie von einander zu lassen bis zum Tode. Geschrieben in der indischen Hütte. –[17]

*

Am 7. Probe (Revanche v. Birch-Pfeiffer[18]*)*
Abends Vorstellung. – Am 9. Probe »Esther« Herrliches Drama! – Am 10. acht Jahre König! Todestag d. Vaters, am 12 »Esther«.

4. März Chriemhildens Rache (Hebbel) 14. M. »Brunhilde« (Geibel.) am 16ten Rheingold: und Walküre (Jean Bart[19], Marquise de Brinvilliers gel.) am 18. D.P.L.R. Schluß. Hände nie nie mehr. – Es ist dieß mein Königlicher Wille. – Amen!

*

YO. EL. REY.

22. März. *[1872]*

Um diese Zeit Sänger Nachbauer[20] öfters kommen lassen. Himmlische Gesänge vernommen heiter gestimmt, – Ostern. – Erleuchtung, himmlisches Licht: – (mémoires de Madame Campan[21]) am 10. April mit Richard in Nymphenburg; geritten (Pagodenburg.) in d. Geschichte Frankreichs v. Genonde u. in Randot gelesen, (Jean Bart am Hofe am 10.)

*

De Par le Roy

Il est ordonné sous peine de désobeissance de ne jamais plus toucher au Roy, et defendu à la nature d'agir trop souvent.
Donné dans notre résidence royale à M. le 22 avril (quinze jours avant le 6. Mai cette journée si importante pour toute ma vie) l'an de grace 1872 de notre règne le neuvième[22]

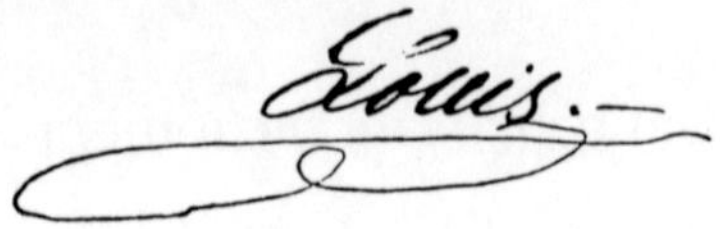

*

(am 21. Juli H. zum allerletzten Mal. [Mittags] Mahl Y. el. R.) unter Richard's Linde, Fahrt, 18 Ausflug nach dem Plansee, Kocherbrunnen, […] Auszug aus Döllingers[23] *Vortrag (Louis XVI u. beginn der so: Rev. gelesen) R. gerudert, zurück, dann Berg Wagen Berg bis zum großen Ahorn.*

– Am 19. Juli fort. Mond, Rast Ammerland, – Berg, einige Tage dort, Ovation Dampfschiff, Tafel, Tyroler Sänger Beuerberg am 24 Zeltnacht, Mondenglanz aus [Beuerberg] gegen Morgen zurück, Sedlmayr [?] mitgefahren, Tags darauf Nachmittags fort nach d. Kramatsberg.

*

De par le Roy

Das ganze Jahr nicht mehr küssen[24)]

Aus der Lilie die Kraft gewonnen, allen Anfechtungen das ganze Jahr hindurch zu widerstehen. –
LR

Krametsberg den 26.ten Juli 1872
Vivat Rex in aeternum! –[25)]

Am 10. hinab, – spät in Berg 11. dort, 12. Abends in die Stadt, 13te Thannhäuser »bleib« bei Elisabeth![26)] *– – – 14te nach Hohenschwangau.*

*

De Par le Roy.

Au nom du Roy Louis XIV et du Roy Louis XV. Il est ordonné que dans la nuit du quatorzième au quinzième octobre 1872 on s'ait touché pour la dernière fois aux – [. . .] dans les noms de ces Roys si puisants et augustes est la garantie de la force pour vaincre à jamais Donné à Hohenschwangau le 15 october de l'an du grace 1872 de notre règne le neuvième –[27)]

16. Okt. Todestag der Königin Marie Antoinette. »Der Muth des Glaubens sei Ihm neu gegeben. Daß auch für Ihn einst der Erlöser lebt!« – »Um Deiner Gnaden reichste Huld nur anzuflehen für Seine Schuld!«

Vivat Rex in aeternum
〃 〃 〃 〃
〃 〃 〃 〃

Pereat omne malum in aeternum[28)]
〃 〃 〃 〃 〃
〃 〃 〃 〃 〃

Anmerkungen für den Zeitraum 1869–1872

1) Verehrung Gottes und der heiligen Religion! Absoluter Gehorsam gegenüber dem König und seinem heligen Willen.
2) »L« steht für Ludwig und »W« vielleicht für den verehrten Richard Wagner, doch könnte zu dieser Zeit auch sein Flügeladjutant Wilhelm Schenk v. Stauffenberg gemeint sein.
3) Bei der von nun an immer wieder mit »R« oder »Richard« bezeichneten Person handelt es sich nicht um Richard Wagner, sondern um Ludwigs langjährigen Stallmeister Richard Hornig, der wohl der engste Vertraute des Königs über fast zwei Jahrzehnte war.
   R. Hornig wurde 1841 in Basedow (Mecklenburg) geboren und kam mit seinem Vater, der im bayr. Marstalldienst beschäftigt war, nach München. Seit 1867 stand er im Dienst des Königs als Stallmeister, aber auch als ständiger Begleiter und enger Vertrauter. Oft schien es, als wolle der König Hornigs Treue und Dienstwilligkeit auf die Probe stellen: So ließ er ihn auf seinen nächtlichen, stundenlangen Schlittenfahrten hinterherreiten, so

daß Hornig, nach eigenem Bekunden, manchmal die Hände an die Zügel froren.
Hornig war ein gebildeter, umgänglicher und verschwiegener Mann. Daher hat ihn der König auch für Aufgaben verwandt, die eher einem Geheimsekretär angestanden hätten. Als Hornig heiratete – was ihm der König lange verübelte –, machte ihm Ludwig eine Villa am Starnberger See mit sehr viel Land zum Geschenk und lud sich dort häufig selbst zum Kaffee ein. Als der König mehr und mehr seinem Bauwahn verfiel und niemand mehr, auch Hornig nicht, dafür Geld auftreiben konnte, kam es zum Zerwürfnis. Der Anlaß waren Stuckverzierungen am Schloß Herrenchiemsee, die der König in einem Wutanfall mit dem Regenschirm herunterschlug, weil er sie in Marmor ausgeführt haben wollte. Im Zusammenhang mit seinen Bauten hatte der König Richard Hornig mit Aufgaben betraut, die jeden anderen zur Verzweiflung gebracht hätten. So mußte Hornig zweimal eigens nach Capri reisen, um das Blau der berühmten Grotte zu studieren, die dann in Linderhof nachgebaut wurde.
Hornig wurde 1885 aus dem Hofdienst entlassen und als Güterdirektor auf das Gestüt Rohrenfeld versetzt, wo er am 2. 8. 1911 starb. Zehn Jahre zu-

vor hatte ihn Prinzregent Luitpold noch in den Adelsstand erhoben – seltsam und ungewöhnlich für einen Gestütsleiter –, doch wird es nicht ohne Grund geschehen sein.

4) Dieses Wort lautet im gedruckten Tagebuch fälschlich »Jmeicos«, doch muß es heißen »Tmeicos Ettal« (in Briefen wird auch die Form »Meicost Ettal« verwendet); es ist ein Anagramm für »L'état c'est moi«, dem berühmten Ausspruch Ludwigs XIV. Es war das Codewort für den geplanten Nachbau von Versailles, der ursprünglich in der Gegend des heutigen Schlößchens Linderhof vorgesehen war, dann aber auf der Insel Herrenchiemsee verwirklicht wurde.
5) »Im Namen des Königs«, eine von Ludwig im Tagebuch häufig gebrauchte Wendung.
6) »Alles Recht kommt vom König. Was der König will, will das Gesetz. Ein Glaube, ein Gesetz, ein König.«
7) Nach der Eintragung ist ein großes königliches Siegel mit dem Wappen angebracht, daneben ein anderes mit Krone und Initialen.
8) Ortsname in der weiteren Umgebung von Linderhof.
9) Lustschlößchen im Park von Nymphenburg, 1716–1719 von Josef Effner errichtet.

10) Die folgenden Zeilen stammen nicht von der Hand des Königs, ausgenommen der Unterschrift.
11) YO EL REY – span.: »Ich, der König«, von Ludwig häufig gebrauchte Formel.
12) Das Jagdschloß auf dem »Schachen«, einem Berg im Wettersteingebirge. Es wurde 1870 in 1867 Meter Meereshöhe erbaut. Von außen wirkt es mit seiner Holzverkleidung wie ein einfaches Bauernhaus, im Innern aber ist es im türkischen Stil verschwenderisch ausgestattet.
13) Baptiste Honoré Raymond Capefigue (1802–1872), franz. hist. Schriftsteller.
14) Es handelt sich um Kaiserin Elisabeth (Sissi) von Österreich, eine Schwester von Ludwigs Exverlobten Sophie, Herzogin in Bayern.
15) »Es lebe der König und Richard in Ewigkeit – Nieder mit dem Bösen in Ewigkeit –«
16) Lustschlößchen im Park von Nymphenburg, ein Werk von François Cuvilliés.
17) Auf dieser Tagebuchseite stammt nur die Unterschrift samt den Buchstaben »LR« vom König. Der Text und das Signum »Richard« sind von der Hand Richard Hornigs.
18) Christine Birch-Pfeiffer (1800–1868), Dramatikerin.

19) Jean Bart (1651–1702), franz. Seeheld unter König Ludwig XIV.

20) Franz Nachbaur (1830–1902), berühmter Opernsänger, v.a. Wagnerinterpret. Als er 1868 bei der Erstaufführung der »Meistersinger« den Stolzing sang, umarmte ihn Wagner und sagte, er habe alle seine Erwartungen übertroffen. König Ludwig war der Pate einer seiner Söhne und machte dem Sänger viele Geschenke.

21) Jeanne Louise Henriette Campan (1752–1822), Vertraute von Königin Marie Antoinette von Frankreich. 1823 wurden ihre »Mémoires sur la vie privée de la reine Marie Antoinette« veröffentlicht.

22) »Im Namen des Königs wird befohlen bei Strafe für Ungehorsam, niemals mehr den König zu berühren und es wird der Natur verboten, zu oft [sündig] in Aktion zu treten. Gegeben in unserer königlichen Residenz zu München am 22. April (15 Tage vor dem 6. Mai, diesem sehr wichtigen Tag in meinem ganzen Leben). Im Jahre des Heils 1872, dem 9. unserer Regierung.«

23) Ignaz von Döllinger (1799–1890), kritischer katholischer Theologe, Gegner des päpstlichen Unfehlbarkeitsdogmas. Väterlicher Freund des Königs, der ihn trotz der ausgesprochenen Exkom-

munikation in allen Ämtern zu halten versuchte.

24) Von fremder Hand eingetragen.

25) Von fremder Hand eingetragen.

26) Elisabeth, Nichte des Landgrafen Hermann von Thüringen in Wagners Oper »Tannhäuser«. Worauf der König damit anspielt, wird nicht klar.

27) »Im Namen des Königs Ludwig XIV. und des Königs Ludwig XV. wird befohlen, daß man sich in der Nacht vom 14. zum 15. Oktober ein letztes Mal [...] berührt hat. Die Namen dieser mächtigen und glorreichen Könige verleihen die Kraft, für immer zu siegen. Gegeben zu Hohenschwangau, am 15. Oktober im Jahre des Heils 1872, dem neunten unserer Regierung.«

28) Es lebe der König in Ewigkeit. Nieder mit dem Bösen in Ewigkeit.

Kommentar zu 1869–1872

Schon bei den ersten Eintragungen wird deutlich, daß es sich hier weniger um ein Tagebuch – zuverlässige Datierungen sind ziemlich selten –, sondern mehr um ein Bekenntnisbuch handelt. Ludwig liegt in einem dauernden Kampf mit seiner Sexualität und versucht ständig, sich durch »königliche Dekrete« von der »Sünde« abzuhalten. Schon auf der ersten Seite wird seine Einstellung deutlich: »... nur psychische Liebe allein ist gestattet, die sinnliche dagegen verflucht!«
Doch es gibt immer neue Rückfälle, denen er mit immer neuen Befehlen, Schwüren und Erlassen begegnet. Der oft verwendete Ausdruck »Fall« ist im Sinne von »Verfehlung« zu verstehen.
Es ist typisch für dieses geheime Tagebuch, daß wichtige – auch sehr wichtige – Ereignisse, wenn sie nicht die innersten Gedanken und Probleme des Königs betreffen, einfach übergangen werden. So wird der deutsch-französische Krieg der Jahre 1870/71 mit keinem Wort erwähnt – ein Krieg, in dem allein auf deutscher Seite etwa 40.000 Männer gefallen sind.
Auch die Einführung des »Deutschen Kaiserreiches«

wird übergangen, obwohl man weiß, wie schwer es Ludwig fiel, den von ihm erwarteten »Kaiserbrief« zu schreiben. Als König des zweitgrößten Staates im Deutschen Reich mußte Ludwig dem König von Preußen im Namen der anderen Reichsfürsten die Kaiserkrone antragen. Nach langem Hin und Her erklärte er sich schließlich dazu bereit, und es scheint, daß die von Bismarck gebotene »Prämie« von 2 Millionen Goldmark eine nicht unwesentliche Rolle dabei spielte. Das Geld wurde in Jahresraten von je 300.000 Mark überwiesen. Es war bei der Bauwut des Königs freilich nur ein Tropfen auf den heißen Stein.

Die Beeinträchtigung der bayrischen Selbständigkeit im neuen Kaiserreich ärgert Ludwig so sehr, daß er zeitweise jede Lust an seinem hohen Amt verliert. Er schickt den Vorstand des bayr. Reichsarchivs, Franz v. Löher, nach Zypern, Kreta und auf die Kanarischen Inseln, um herauszufinden, ob man da nicht ein neues Königreich gründen könnte. Die Berichte aber lauteten nicht günstig ...

Ludwigs allgemeine Abneigung gegen die Preußen – für die nicht zuletzt seine Verachtung alles Militärischen die Ursache war – und ganz besonders gegen den preußischen Kronprinzen Friedrich (»Gegenwart sehr störend u. unangenehm!«) wird kurz angesprochen, hatte aber in der Realität viel ernstere Konsequenzen. Schon daß die Münchner dem Prinzen zujubeln, ärgert Ludwig maßlos, und er läßt den Gast seine Abneigung bei jeder Gelegenheit spüren. Das gipfelt schließlich darin, daß der König zum abschließenden Festbankett nicht erscheint, was eine allgemeine Verstimmung bewirkt.

Ludwigs immerwährender Kampf gegen die Verlokkung der Selbstbefriedigung wird nur an einer Stelle mit den Worten »Hände kein einziges Mal mehr hinab ...« deutlicher formuliert.

Es mutet sonderbar an, daß Ludwig öfter Eintragungen von fremder Hand in sein Tagebuch duldet, so z. B. am 6. 3. 1872, wo Richard Hornig acht Zeilen hinschreiben darf oder muß und neben die Unterschrift des König seine eigene setzt. Auch der Satz: »Das ganze Jahr nicht mehr küssen« stammt von fremder, vermutlich von Hornigs Hand.

An dieser Stelle sei angemerkt, daß nach Meinung des Herausgebers eine intime homosexuelle Beziehung des Königs auch zu Richard Hornig nicht bestand. Die einzige körperliche Berührung dürfte in den immer wieder erwähnten Küssen und Umarmungen bestanden haben, die ihm aber offenbar nicht weniger verwerflich erschienen als die unter schweren Schuldgefühlen praktizierte Selbstbefriedigung.

Die öfter erwähnte mystische »Lilie«, aus der er seine »Kraft« gewinnt, ist wohl als die Bourbonen-Lilie zu verstehen. Ludwigs angebetete Vorbilder sind die gleichnamigen Könige von Frankreich (XIV.–XVI.), die er zu Heiligenfiguren hochstilisiert, wobei ihn deren Lebenswandel offenbar nicht stört. Sogar königliche Mätressen wie die Pompadour werden ehrfurchtsvoll genannt. Hätte Ludwig von Bayern nur einen Bruchteil der moralischen Unbedenklichkeit seiner Vorbilder besessen, so wäre dieses erschütternde Tagebuch wohl ungeschrieben geblieben.

Tagebuch
1873–1878

Ludwig II., König von Bayern,
Porträt um 1875.

Heiliger, nie zu brechender Schwur in der Neu-Jahrsnacht 1873! – Ich schwöre und gelobe auf das Feierlichste, bei dem heiligen, reinen Zeichen der Königlichen Lilien

*

innerhalb der nie zu durchschreitenden, unverletzlichen Balustrade, die das Königliche Bett einschließt.
Im Laufe des soeben begonnenen Jahres, so viel als nur irgend möglich ist, jeder Anfechtung auf das Tapferste zu widerstehen; einer solchen, wenn nur irgend möglich ist, nie nachzugeben weder in Werken noch Worten, selbst nicht in Gedanken. Mich auf diese Weiß stets mehr und mehr von allen Schlaken zu reinigen,

die der menschlichen Natur leider anhaften, und so Mich immer würdiger der Krone zu machen, die Gott Mir verliehen hat.
Donné dans la chambre du Roy, dans le balustre, sacré et infranchissable agnouillé sur l'éstrade la téte protégé par le dai du lit Royale Nec cessabo nec errabo. Dieu m'aidra.[1)]
Vom Himmel bracht ein Täublein dieses Oel Und aller Himmel Kräfte schweben mit. Auf Taubenfittigen zur Erde nieder. Dies Oel, o Herr, schafft Wunder über Wunder. Der kleinste Tropf ertränkt dir tausend Feinde, Stumpft tausend Schwerter, wider Dich gezückt, Und wird, wie Oel auf stürmisch Meer gegossen, besänftigen Dir manche wilde Fluth. Der Herr wird salben Dich mit seiner Kraft Der wahre König dem im Herzen wird dir aufstehen mit der angestammten Krone und mit dem Purpur göttlichen Geblüt's Und dieser König stirbt in Wahrheit nicht ! ! ! –*
Louis

*

Vivat Rex percat malum, in aeternam!
YO EL REY
Hohenschw. 8. Jan. 1873

**) Doch in dem Herzen Deines Volkes wird's Wie Oel im Feuer, entzünden eine Brunst, Die all' des Feindes Werk verzehrt zu Asche. (Bayern's) Doch Frankreichs schwere Wunden wird es heilen Der Oelzweig in dem Mund der Taube sein, Weissagend uns ein selig Friedensjahr. – Du selber wirst alsbald ein andrer Mann Denn siehe, eh' dies Oel dein Haupt Dir netzt, Verbot der Geist mir König Dich zu grüßen,*[2)]

*

21. Jan. dem ewig unvergeßlichen Tag der Ermordung Ludwig XVI. Königs von Frankreich u. Navarra in d. Kirche, »Rückfall fürder absolut unmöglich. durch jenes Gedächtnis versöhnt! – sowie durch des an den Tod Karl I. Königs von England. –

30. Januar
YO EL REY
Gott sei dank, es ist vorbei, kann nicht wieder eintreten. – Amen ! ! !
Weder jetzt, noch in Zukunft, mein Königliches Wort zum Pfande. – H. st. oben.
Um diese Zeit Plan einer Reise nach Spanien aufgetaucht, darüber gelesen Richard mich besucht (Don Carlos, – Hackländer.[3])

Auf gar keinen Fall mehr wie am 12ten Mai, 1872 und sonst so wenig wie irgend möglich, stets gegenseitig zu erinnern
Jedesmal bei der »Balustrade«! erinnern
Giltig für immer
Auch das Küssen ist zu vermeiden.
Gegeben am »Schlitteneinweihungstage!«
»13ten« Februar 1873[4]

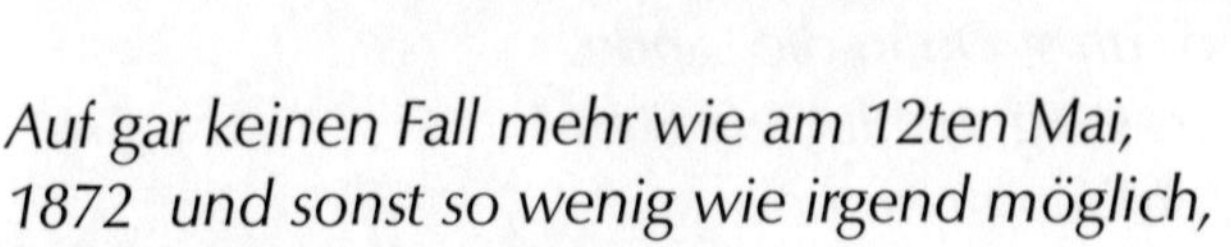

O Himmel laß Dich jetzt erflehen!
Gib meinem Lied der Rache. Preis
Geburt laß' mich die Sünde sehen,
Aus diesem edlen hohen Kreis.
Dir hohe Liebe töne
Begeistert mein Gesang,
Die mir in Engelsthönen
tief in die Seele drang!
Du nahst als Gottgesandter
Ich folg aus holder Fern
So fuhrst Du in die Lande,
Wo ewig strahlt Dein Stern!
Vorüber für immer

Ich, der König

*

Am 21. März Freiherrn von Varicourt[5)] zum ersten Male Gesprochen, am 23. Ihn zum Flügeladjutanten ernannt. – Heil dem Träger eines solchen Namens. Um diese Zeit (3ter April) mit Frh. v. Varicourt im Residenztheater.

Der Fächer der Pompadour und die geheime Audienz. dann im Wintergarten (Grotte) mit Ihm soupiert (7–1 Uhr). Viel uns geschrieben – Hoch über alles Zweifels Macht soll meine Freundschaft stehen. Nach der Auferstehungsfeier auch mit ihm soupiert bis 2 Uhr. Am 27. April Leonhard der Perückenmacher im Residenztheater. –
1873
8 Tage in Berg am 15ten mit Frh. v. Varicourt im Kiosk[6)] soupiert, dann Fahrt im Mondenglanz längs des Sees von 10 Uhr bis 3/44 Uhr Morgens beisammen.
Der Gedanke an den durch die Vorsehung bestimmten Freund, der Aufblick nach dem erhabenen magischen Namen, den er führt. Varicourt wird stets mich stählen.

*

Sonnabend d. 28. Juli 1874 Fernstein Regen 6 St. dort, 3 Jahre (außer August,) Lilien-Zahl, seit dem Erschauen von »Versailles« 10 J. seit dem

*erstmaligen Betreten v. Frankreichs Boden auch i. Juli
10 seit Richard so gesehen u. ihn kennen gelernt. – Definitives, letztes Streifen an Fall! – jour de St. Louis 77 entsühnt durch Versailles! Rheims! le souvenir de Louis XIV et de la Royauté absolue*[7]. –
Keinen Kuß mehr, gar keine Aufregung, nicht im Sprechen, nicht im Schreiben, nicht in Werken.

Lilien-Zauber. –

*Reinheit, Königthum ! ! !
Ich verpflichte mich, bestimmt zu erinnern nicht mehr zu öffnen und aufzuregen. Heute, im Laufe des Jahres 1877 in Erinnerung an die schönen Tage von 1867, also vor 10 Jahren Gegeben. Fernstein 28 Juli 1877*

Richard[8] *Ludwig*

*

In Berg am 7. Juli Nachts, in Hohenschwangau am 22. Juli Nachts 1846 (symbolische-allegorische Bedeutung (1866)
1877 Erlösungsjahr! –
Die Königliche Lilie triumphirt und macht jeden Rückfall ganz unmöglich! – LR
Juli 30 Tage noch, dann nie, nie, nie mehr. (symbolische, allegorische Bedeutung)
1877 Erlösungsjahr! (30. auf 31 Jahre) 1866 Lilienzeit
(Nibelungen-Jahr)
RW u. LR[9]
Noch ein Streifen an jenen Fall u. verwirkt ist das Recht auf die Krone und den Königs-Thron.

Ich der König.

(den 30. Juli auf 31. Nachts. dès présent impossible). –[10]

*

De Par le Roy.

Je jure aujourdhui le 21 janvier de terrible memoire, l'anniversaire de l'assasinat du Roy de France et de Navarre Louis XVI du nom', qu'hier, la derniere nuit c'était la dernière Fois pour jamais, racheté par le Sang Royal! – (le saint graul) absolument la dernière fois sous peine de cesser d'être Roy! –
juré le 21 janvier 1877 à Hohenschwangau (dix ans depuis l'année si chère à tant de titres.) –[11]

*

Vom Himmel naht alljährlich
eine Taube
Um neu zu stärken Seine Wunder-
Kraft,
Es heißt der Gral u. selig reinster
Glaube

Ertheilt durch Ihn sich Seiner Ritter-
schaft.
Wer nur zum Dienst des Grabes
ist erkoren
Den rüstet er mit überirdscher Macht,
Kraft
An dem sei jedes Bösen Trug
verloren,
Wer Ihn erschaut den flieht der
Sünde Macht. –
Amen! –
Amen!! –
Amen! –

*

Au Roy

In diesem Briefe ist der Befehl und hiemit auch die Nothwendigkeit u. Möglichkeit zu gänzlicher Enthaltsamkeit, selbst des Küssens gegeben, anathema in aeternum![12] *Überwunden mithin mit 32 Jahren u. nicht ganz 3 Wochen alt, letzter Unglücksfall, entsetzlich nahes Streifen an gänzlichen Fall, Nacht auf 13 Sept 77 Verflucht das Blenden der Erscheinung, das in sich an unsre Sinne drängt. – Geschworen nie u. nimmer, nimmer wieder, i. J. der Vollendung des Linderhofes u. i. J. vor Beginn des Chiemsee-Baues (Versailles!)*

*

Loretto's Haus und und segensvolle Himmelskraft u. wohl das Heilge Grab, das alle Welt entsündigt
Vielkräftig auch ist das Gebet der Frommen, sie haben reichen Vorrath an Verdienst. –
Espérance d'etre racheté par le Sang Royal innocent et repandu. –[13]
Der Glück-Wunsch und Kuß des [...] Kaisers und Königs hemmt die verderblichen Wirkungen jenes Falls, ist heilbringend stärkend und hat den Sieg u. den Frieden in seinem Keim. – gilt für 1878. vor die Zahl XII. der Regierungsjahre voll ward, jene Zahl 13)[14] *die elende,*

fatale also noch herrschte, ereignete sich der »letzte« Fall! – noch vor ich 33 Jahre alt wurde (33 (:3 × 3:) 9 die Stufenzahl des Thrones Ueberwindungsmacht erhalten, wenn diese Zahl erreicht,) alle sehr nahe an 31 (13, letzte Fallzahl,) nun vorüber [...]
Buße thut noth! –

Anmerkungen für den Zeitraum 1873–1878

1) »Gegeben im Zimmer des Königs, innerhalb der geheiligten und unüberschreitbaren Balustrade auf der Estrade kniend, das Haupt geborgen unter dem Baldachin des Königlichen Betts. Nicht zaudern – nicht irren. Gott wird mir beistehen.«
2) Der vorliegende Text von der Neujahrsnacht 1873 bis zu dem mit *) bezeichneten Nachtrag stammt von fremder Hand und wurde offenbar von Ludwig diktiert. Von seiner Hand sind nur die eingefügten Worte »mit der angestammten Krone«, seine Unterschrift und die beiden lateinischen Sätze.
3) Friedrich Wilh. v. Hackländer (1816–1877), ein im 19. Jahrhundert viel gelesener Schriftsteller, der ein Werk von 60 Bänden Romanen, Erzählungen und Lustspielen hinterließ.
4) Der Absatz unter dem Strich ist von fremder Hand, ausgenommen das »Yo El Rey«.
5) Lambert Baron Varicourt (1844–1885), Flügeladjutant des Königs. Mit dem damals dreiunddreißigjährigen Varicourt verband den König eine heftige, wenn auch nur wenige Wochen dauernde

Freundschaft. Ludwig schrieb ihm hymnische Briefe:

»Heute sind es fünf Wochen, seit ich Sie kenne, ich danke dem Himmel, der Uns in Freundschaft verband! In meinem Herzen herrschen Sie als unumschränkter König, Ihnen wird es gehören bis zu seinem letzten Schlag. Traumgleich wonnevoll ist mir zumute, seit ich Sie kenne. Auf einer Insel in des Äthers Höhe hab' ich gelebt in diesen letzten Wochen.«

6) »Maurischer Kiosk« im Park von Schloß Linderhof mit dem berühmten Pfauenthron.

7) »St. Ludwigs-Tag ... das Andenken an Ludwig XIV. und das absolute Königtum«.

8) Unterschrift von Richard Hornig.

9) »Richard Wagner« und »Ludovicus Rex«.

10) »Von heute an unmöglich.«

11) »Ich schwöre heute, am 21. Januar schrecklichen Angedenkens, dem Jahrestag der Ermordung des Königs von Frankreich und Navarra, Ludwig XVI. mit Namen, daß gestern, in der vergangenen Nacht, es das letzte Mal für immer war, erkauft durch das königliche Blut! (Der heilige Gral) Unwiderruflich das letzte Mal, bei Strafe aufzuhören König zu sein! Geschworen am 21. Januar 1877 zu Hohenschwangau (Zehn Jahre nach dem aus

vielen Gründen so teuren Jahr).«

12) »Verflucht in Ewigkeit!«

13) »Hoffnung auf Erlösung durch das unschuldig vergossene königliche Blut.«

14) Spielt auf das beginnende 13. Regierungsjahr an.

Das Jahr 1873 beginnt mit einem erschütternden Hymnus der guten Vorsätze, die Ludwig einem anderen diktiert und diesen so zum Mitwisser gemacht hat. Da dies im Tagebuch öfter der Fall ist, muß man sich fragen, was Ludwig bewogen hat, andere an seinem geheimen Tagebuch teilhaben zu lassen. Vielleicht war dies ein unbewußter Hilferuf an den anderen: Steh mir bei, sei Zeuge und Mitwisser meiner Schwierigkeien, trage sie mit mir!
In diesen Zeitraum fallen verschiedene Ereignisse, die nicht erwähnt oder nur geheimnisvoll-stichwortartig angesprochen sind, wie die Stadt Reims, die er in einer kurzen, absolut geheimgehaltenen Reise am 24. 8. 1875 besuchte, um dort seinen Geburts- und Namenstag zu feiern, die am 25. 8. auf einen Tag fielen. Das zentrale Erlebnis war dabei der Besuch der Kathedrale – Krönungsort seiner verehrten Vorbilder. Ein Jahr zuvor, am 20. 8. 1874, hatte der König seine erste Frankreichreise unter dem Inkognito eines »Grafen von Berg« unternommen. Er besuchte Paris und Versailles und kehrte schon eine Woche später zurück. Inzwischen hatte Ludwig die Herreninsel im

Chiemsee erworben – er mußte sie durch ein Machtwort Holzspekulanten aus den Händen winden –, doch erst fünf Jahre später, am 21. 5. 1878, erfolgte die Grundsteinlegung zum Schloß Herrenchiemsee, seinem Projekt »Meicost-Ettal«.
Kein Wort finden wir im Tagebuch über Ludwigs geliebten Bruder Otto, der im Mai 1875 wegen Geistesgestörtheit in festen Gewahrsam genommen werden mußte. Nach kürzeren Aufenthalten in den Schlössern Nymphenburg und Schleißheim wurde er 1878 nach Fürstenried gebracht, wo er bis zu seinem Tod (11. 10. 1916) in tiefer geistiger Umnachtung lebte. Ludwig war vom Schicksal seines Bruders schwer erschüttert, und einigen seiner Äußerungen ist zu entnehmen, daß er fürchtete, ebenfalls geisteskrank zu werden.
Im August 1876 wurde der »Ring des Nibelungen« in Bayreuth uraufgeführt. König Ludwig hatte zugesagt, daran teilzunehmen, doch er stellt seine Bedingungen in einem Brief an Wagner: »Alles, was an eine Ovation von Seite der Bevölkerung auch nur streift, wünsche ich fern gehalten ... Ich komme, um an Ihrer Schöpfung mich zu laben, zu begeistern, um Geist und Herz zu erfrischen, nicht um neugierigen Gaffern mich zu produzieren und mich als Ovationsopfer herzugeben.«

Um ganz sicher jeder Begegnung auszuweichen, läßt der König den Zug mitten auf der Strecke vor Bayreuth anhalten und fährt in der Nacht von dort mit Wagner zur Eremitage, einem kleinen Schloß, das er während seines Bayreuther Aufenthalts bewohnt. Ludwig nimmt dann nur an den Generalproben teil, um dem gefürchteten »Bad in der Menge« zu entkommen. Er ist von den Opern so hingerissen, daß er zur dritten Folge der Aufführungen wieder nach Bayreuth kommt und diesmal sogar – auf Wagners inständige Bitten – an einer normalen Vorstellung teilnimmt. Wagner huldigt dem König in seiner Dankesrede und nennt ihn den »Mitschöpfer« des Werkes.

Am 13. 9. 1877 wird einer seiner Schwüre datiert: »Im Jahre der Vollendung des Linderhofes und im Jahre vor Beginn des Chiemsee-Baues (Versailles).« Dies ist einer der ganz wenigen Hinweise auf die Bauprojekte, die doch einen großen Teil seines Lebens ausmachen. Tatsächlich war aber Linderhof noch lange nicht fertig, die Bauarbeiten wurden erst ein Jahr später abgeschlossen. Es ist dies das Jahr 1879, das im Tagebuch völlig fehlt. Der König lebt jetzt so zurückgezogen, daß ihn kaum noch jemand zu Gesicht bekommt. Der Kabinettsekretär F. v. Ziegler schreibt dazu:

»Nach Ablauf des Hohenschwangauer Winteraufenthalts nach München zurückzukehren, war für Seine Majestät immer fürchterlich, entsetzlich. Deshalb wurde der Aufenthalt in Hohenschwangau immer weiter ausgedehnt. Er wurde von 1876–83 allmählich um einen Monat verlängert. (...) In München angekommen, verließen Seine Majestät mehrere Tage die Zimmer in der Residenz nicht ... Seine Majestät ergingen sich in Ausdrücken des tiefsten Hasses gegen die Stadt München. Oft mußte ich hören, wie schön es wäre, wenn man das verfluchte Nest an allen Ekken anzünden könnte.«
Nur noch Bauern und Holzarbeiter begegnen dem König auf seinen ruhelosen Fahrten in dem Gebiet um Linderhof und Hohenschwangau, in dessen Nähe das hochgelegene Schloß Neuschwanstein seit 1869 erbaut wird. Immer wieder finden wir im Tagebuch Namen wie Beuerberg, Leermoos, Kochelsee, Penzberg, Kesselberg, Heiterwang, Fernstein, etc. Hier ist der König in seinen letzten Lebensjahren eher anzutreffen als in München und hier erledigt er auch einen großen Teil seiner Regierungsgeschäfte, von ihm verächtlich »Staatsfadaisen« genannt. Am Fernpaß bei Lermoos hatte der König in einem Wirtshaus einige Zimmer gemietet, hier enden seine Schlittenpartien von Hohenschwangau. Luise von

Kobell schreibt über diese Zustände:
»Die Szenerie war eigentümlich. Im Hintergrund der Wiese lagerten die Reitknechte und reihten sich die Fahrzeuge aneinander. Der König setzte sich ... im Reisekostüm an den Tisch, rückwärts von ihm, stramm aufrecht, zwei Lakaien, vor ihm stand sein Kabinettschef im schwarzen Frack, den Claquehut unter dem Arm, und berichtete mit lauter Stimme über die von den verschiedenen Ministern eingesandten Anträge und Vorschläge; dann und wann mischte sich das Tönen einer Kuhglocke darein ...«

Tagebuch

1880–1883

König Ludwig II. und Richard Wagner, Interieur auf Hohenschwangau.

28 Febr. Streifen an Fall, fluchwürdiges Vorkommniss war auch Gottlob nur kurz. – Diese Küsse zu tilgen durch das erlösende R. des Principes des Reinen, Guten, Edlen! –
J.h.s.v.
17. Mai 24. Juli 1880.
LR. –
pereat malum in aeternum.
Amen!
Je le veux moi, le Roy
I mars (combat)[1] 1881.

Im Namen der heiligen, Königlichen Lilien März, April, Mai, die drei Monate der sinnenden Betrachtung, Erlösung »29. September« beim Betrachten, zuerst (salle des gardes, salle de valets de pieds, grande antichambre) beim Erschauen de la chambre du Roy, de (balustrade sacrée, estrade, lit Royal) la grande galerie, salon de la guerre, salon de la paix! –[2]

Am 1. März.
Er[3] zu Tisch u. Thee (Buße) jene Enziane u. d. darauffolgende Brief am Ende des Erlösungs-

Jahres, 22 in Folge des tief bedeutungsvollen 21. Januar 82[4] *besonders des abscheulichen 28. Febr. Nachts mit Reue u. festen Vorsätzen zu gedenken. –*
Scheußlicher März, Tafel erst April, gel.[esen] la renaissance (Gobineau) sehr fesselnd, 7 April nach dem theuren Hohenschwangau, Er mit auf d. Bahn, schöne Stunden, in Hohenschw. Burg besucht, auf d. Seen, gef. gelesen in maison d'un artiste (Goncourt) Hertfort-Sammlung[5]*, Auszug (rasender Roland,) Cromwell (V. Hugo) Charwoche, Osterfest (Segne mich o Herr u. gib mir Kraft!) – Chronique v. Hohenschw. gelesen, (Kaiserliche Schlösser v. Oesterreich,) Schneegestöber, 22 April zurück, Er mit auf d. Bahn (war in Wien)*

*

Am 16. Oktober Todestag der unvergeßlichen, erhabenen, edlen Dulderin, der Königin Marie Antoinette. Trauer Abend Fahrt Ettal! Oberamergau zur Kreuzigungs-Gruppe, Symbol der Stärke und Erlösung, Krone u. Kreutz.
Linderhof 1880.

Am 28ten bei herrlichem Sonnenschein nach Hochkopf, Er[6] Miranda, ich Amor geritten zur Aussicht auf den Walchensee, gelesen (Scheffel) Ihm die Tischplätze gezeigt, dann zu Mittag, selige Stunden, um den Berg gegangen. Souper, viel erzählt, heiter und glücklich. (Er Concordia, ich über die Sammlung v. Wallace) spät zum größten Theil zu Fuß hinab, Mondensichel (Diana) 1/24 Uhr. Sehr gelungener Ausflug.
29. Regen. Cramelsberg unmögliche gefahren u. zu Fuß; zu Mittag Einlauf, noch viel beisammen, zugesagt morgen zu bleiben. Geblieben.
am 30ten. viel Schnee, geritten Hinterriß zu. Er Haidenau, ich Verolea. zurück gefahren. Mahl lebhaft u. frisch im Gespräch. wie immer spät zur Ruhe. Am 31 fort von lieben Aufenthalt Wallgau, Walchensee, Kesselberg geritten. Verolea, Miranda Thea Herzogenstand zu. Hütte zu Mittag. Er Concordia, ich über Molière gelesen, sehr gemütlich; heiter zu Fuß, (dann Studienzeit erzählt) gefahren Kochl, Bichl x. x. Nachricht. Richard Wagner da. Für Chiemsee Schloß bestimmtes betrachtet.

Lohengrin mit Richard Wagner der Vorstellung beigewohnt, sehr gelungen u. schön. Er anwesend, mit Ihm in der Wohnung, Wintergarten soupiert, lange beisammen.
Am 11ten um 5 Uhr kam er zu Tisch (Wintergarten) traute, theure Stunden. 8 Uhr ich Residenztheater. »Aus dem Stegreif«. Theure Erinnerungen an die Königin Marie Antoinette! An das Königliche Frankreich der Lilien! Am 12. Nachmittag 2 mal das wunderbar herrliche vom Schöpfer selbst dirigirte Vorspiel zu Parsifal gehört! Tief bedeutungsvoll.[7)]
Auch das Vorspiel zu Lohengrin Abends mit Ihm »aus dem Stegreif« beigewohnt, sehr gelungene Vorstellung. Ich habe immer sagen hören, daß zwischen einem Fürsten u. einem Untergebenen keine Freundschaft möglich ist. Wir wollen beweisen, daß zum Souper in den Wintergarten – 3 Uhr – Sonnabend d. 13ten 1/24 Uhr die Oper Aida mit ihm zusammen. betrübendes Familienereigniß, in dem Wintergarten, herrliche Vorstellung selig mit Ihm 1/27 Uhr bald fort, mit Ihm über Nymphenburg zur Bahn, den theuren See, der Richtung von

Berg erschaut (Mai) Stalldach Abschied. herzlich u. traurig. Heil u. Segen auf Sein geliebtes Haupt – ich Mondschein
Letzter Fall nach der doppelten Jahreszahl der 18
Volljährigkeit u. zum größten Glück doch fast $1\frac{1}{2}$ *Jahre von der doppelten Lebenszahl, der Jahre des ersten Geburtsfestes als »König« 19*
Nie mehr, nie mehr, nie mehr.
Neugeschworen in der Charfreitags-Oktave.
22. Ihm geschrieben wegen des 24. Juli,
6 Monde »Wir«, Linderhof, Fahrten, Ausflüge, Beleuchtungen, im goldenen Königsschlitten (Ammerwald) Lektüre, (Heise, Hadrian, vorher in Ebers[8] *»der Kaiser«) chateaux historiques de la France: Chambord, 30 (Charles I!)*
31. Hohenschw. wachsender Mond, Lektüre (Madame de Sévigné en Bretagne!) Madame Maintenon et de Villars) 10. Febr. [1881] das theure Schloß verlassen, über Reutte, Lermoos . . .
[. . .] Er[9] *entgegen, Garmisch, Partenkirchen; soupirt, Tags darauf noch geblieben, Schnitzsachen, Bilder, zu Fuß Garmisch, gef. Badersee,*

nach Tisch nach Griesen souper, viel gespr. am 12. zu Fuß durch Partenkirchen, gef. [. . .] Walchensee, Uhrfeld. Diner, dann Kesselberg [. . .] Penzberg, Bahn, souper, über Nymphenburg! – Abschied. 10 + 11 = 21 le nombre de terrible mémoire[10]*, ganz ausnahmsweise aber 10 + 11 = 12 (21)*

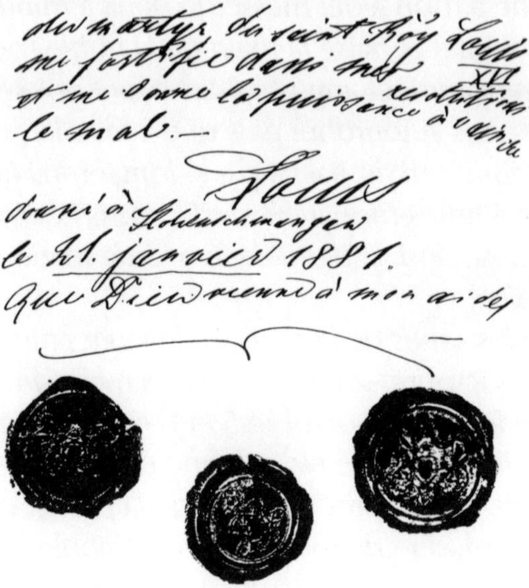
du martyr du saint Roy Louis XVI me fortifie dans moi et me donne la puissance victorieuse à vaincre le mal.—
Louis
donné à Hohenschwangau le 21. janvier 1881.
Que Dieu vienne à mon aide

donné à Hohenschwangau le 21. janvier 1881. Que Dieu[11]

*

Que la mémoire de la grande Reine soit benie et vénérée à jamais (baiser de la pierre du socle de la croix et de la neige symbole de la pureté et de la candeur du lys) me donne la force pour vaincre le mal à jamais (maudits soient encore et pour toujours les baisers profanes) Que Dien, la source de tout le bien au monde vienne à mon aide! messe de deuil à minuit (agenouillé et baisé la main de la noble (portrait en miniature) et auguste Reine dont nous célèbrons aujourdhui plus que jamais la mémoire qui ne palirat pas si longtemps qu'ils y a des ames monarchiques! lu dans l'oeuvre de St. Amand: la dernière année de Marie Antoinette.
Que les suites de la déplorable faute commise au 10 octobre, soint ettoufés à jamais, jamais entre les jours d'octobre 5 et 6 et le 16! entre les saints baisers de la colonne de marbre de la grande galerie près du salon de la paix et ceux de la colonne de marbre d'ici (vestibule) de la pierre du socle de la croix symbolique et de la neige.
Linderhof le 16. Octobre 1881

pensez à 83 LS et aux premiers nuits à Basse ville en 3 ans si tout va bien! –
I.L.S.V.
dix ans depuis Versailles.[12)]

*

23. Oper »Iphigenie auf Tauris« v. Gluck.
24. St. Georgs-Tag, gedenke der Tötung des Drachen!
26. »Aus dem Stegreif« v. H. Schmitt (Residenztheater) 27. (auch Ottos Geburtstag) Ballet »Venus und Adonis.« 2 mal (2. Mai)
29. »Tristan und Isolde« unvergänglich theuer u. herrlich, es klingt so alt u. doch so neu wie Vogelsang im lieblichen Mai! 30ten Marion de Lorme! Didier[13)] *tiefer Eindruck! 4. Mai wiederholt, wundervoll! (der Mai der Mai ist kommen!)*
6. carosses du Roy Abends Stück v. Heigel: Ehrgeiz u. Königstreue (St. Simon, spanischer Hof, König Philipp V Elisabetha Farnesa! herrlich! Am 7 wieder Schatten Didiers) [. . .] 9. Mai

wunderschöner Tag, Großhesselohe, Schwaneck, Menterschwaige zurück, Narziss! marquise de Pompadour Frau Lewinsky, recht gelungene Vorstellung, Darsteller des Didier anwesend, in d. Grotte gelesen am 10te Mai Abschied reiche Zimmer, vom Throne – statt der »Meistersinger«: Marion Delorme, erschütternder, tief ergreifender Eindruck! [. . .] »– – werd ich Dein Leben leuchtender verklären! [. . .]
11. Mai – (so starben wir und ungetrennt, ewig einig ohne End' . . .) Berg (Brief) Fahrten 16. Abends Freund, 17 (ein Jahr seit Wir Uns kennen!) Fahrt auf d. Bavaria 2 mal um d. See, Mahl Abends Kiosk bet. Fahrt etc. (Brief) 18 Seeleiten Tisch m. Thee, dazwischen längs des Sees, Abschied. 19. Glücks u. Segenswünsche d. Darstellers des Didier! – (Hernani) – Riß 2 Tage, 22. Mai, des großen Freundes Richard Wagner Geburtsfest Hochkopf 2 Tage, Fahrten um den Berg, Spanien – Traum (Rolle duc de St. Simon) 25. Mai (Calderon-Jubiläum, Madrid)

*

Linderhof (Reiseplan, Project) Fahrten (Angelo v. V. Hugo gel. Philotas, 2. Akt. »Genius des Ruhms (Heigel) 30. Nachts: der Darsteller des Didier« gekommen, in der Grotte Ihn begrüßt, bis Morgens zusammen. 31. mit Ihm Kiosk dann Hundingshaus[14)]*, Kahnfahrt, Klause, viel erzählt in das marrokanische Haus [...] Zauber der wundervollen Stimme, 1. Juni [1881]: Fahrt nach d. Plansee, geg. dann Schiff gefahren, Kaiserbrunnen, (Mahl, Werke Grabbe, Byron, Aspasia, Hammerling, [...] für den romantischen König geschwärmt, theure, herrliche Stunden, 2. Juni, Graswangthal gefahren, Tafel auf der Linde (Braut von Messina) zum marrokanischen Haus Kaffe etc. die himmlische Stimme wieder vernommen (Don Carlos durchgenommen, Grottenbeleuchtung, Kiosk, 3. nach dem Brunnenkopf (Phaeton v. Calderon) zusammen nach dem Pürschling (Tell) Erinnerung »Marion de Lorme« – Didier Mahl, (Börne, Hoffmann, Scheffel) Mährchen Arm in Arm hinab, (Österreich, Steiermark, Klamm) Unter- Ober- Ammergau [...] Linderhof, 4. Er Oberammergau, Hundingshaus Kahn, Insel (Calderon Sonnen-*

thal) Klause lange, dann Mahl, theure Stunden, Dämmerung zurück, Ermahnung andere Tageseintheilung, 5. Pfingst-Sonntag, kleiner Spaziergang, Kiosk Tafel, sehr traute u. schöne Stunden, Fahrt Graswangthal (sehr heiter Decamerone) Grotte (Traumbecher geschenkt) 6. Juni Pfingstmontag. Er nach Partenkirchen, Partnachklamm, Tafel, Venustempel (Medea, Grillparzer, Kaulbachmuseum, Kaffe, Kiosk, Fahrt bis zur Umkehrstelle in Ammerwald.[15)]

1) »Ich will es, Ich, der König. 1. März (Kampf) 1881«.
2) Ein kaum zu entschlüsselnder Text mit Aufzählung einer Folge königlicher Gemächer, möglicherweise nach der Besichtigung von Herrenchiemsee, dessen Rohbau damals vollendet wurde. – »Saal der Garde, Saal der Lakaien, großes Vorzimmer beim Erschauen des Königlichen Zimmers, (Balustrade, Estrade, Königliches Bett) der großen Galerie, Salon des Krieges, Salon des Friedens! –«
3) »Er« = vermutlich Richard Hornig.
4) 21. 1. 1882? Diese Zeitverwirrung ist entweder ein Irrtum, oder es handelt sich um eine Vorschau mystischen Inhalts.
5) Vermutlich die berühmte Gemäldesammlung des Grafen Cowper, die Ludwig in einem Kunstband betrachtete.
6) Bei diesem namentlich nicht genannten »Er« dürfte es sich um Anton Frh. von Hirschberg (1853–1924) handeln, der sich im Sommer 1880 der hohen Gunst des Königs erfreute. Ludwig nannte ihn »son ami idéal« und nahm ihn mit auf den

Schachen, was als besondere Auszeichnung galt. Gerüchteweise verlautete, der König habe Hirschberg den Grafentitel und eine Villa angeboten, doch dieser wünschte sich nur eine Versetzung ins Außenministerium. Dem wurde, zusammen mit der Ernennung zum Legationsrat, auch stattgegeben. Solche willkürlichen Beförderungen verprellten natürlich andere Staatsbeamte, die aufgrund ihrer Dienstjahre eher Anspruch darauf gehabt hätten, doch darum kümmerte sich Ludwig nicht. In seiner Vorstellung war er ja ein »absoluter König« wie Louis quatorze, und der hatte tatsächlich, auch als konstitutioneller Monarch, noch allerhand Machtbefugnisse. Gottfried von Böhm, Biograph des Königs, charakterisiert Hischberg so:
»Nichts war ihnen gemeinsam, weder Liebhabereien, noch Interessen, weder Gefühle, noch Überzeugungen. Hirschberg war intelligent und hatte ein gesundes, meistens richtiges Urteil über Menschen und Dinge, aber er verließ niemals den Boden der Wirklichkeit und es fehlten ihm die Flügel der Phantasie, um mit Ludwig II. Ausflüge in das Reich der Ideale zu unternehmen.«

7) Die Daten beziehen sich auf den November 1880. Bei der erwähnten Person handelt es sich um Richard Wagner.

8) Georg Ebers (1837–1898), Schriftsteller. »Der Kaiser«, ein Roman über den römischen Kaiser Hadrian.

9) Hier dürfte es sich wieder um Anton von Hirschberg handeln, den Favoriten jenes Sommers.

10) »Die Zahl schrecklichen Angedenkens«.

11) »Das Martyrium des heiligen Königs Ludwig XVI. möge mich stärken und mir die Kraft geben, das Böse zu besiegen. Louis.
Gegeben zu Hohenschwangau am 21. 1. 1881, auf daß Gott mir helfe.«

12) Von hier an herrscht über mehrere Seiten eine Konfusion in der Datierung. So folgt auf Oktober 1881 das Frühjahr 1881; eine mögliche Erklärung folgt später im *Kommentar.*
»Das Andenken der großen Königin sei gesegnet und verehrt für immer (Kuß des Kreuzsockels und des Schnees, Symbol der Reinheit und Unschuld der Lilie) und gebe mir die Kraft, das Böse für immer zu besiegen (verflucht seien noch einmal und für immer die profanen Küsse). Gott, die Quelle alles Guten auf der Welt, möge mir helfen! Trauermesse um Mitternacht (knieend und küssend die Hand der edlen und erhabenen Königin, deren Porträt in Miniatur). Ihr Andenken feiern wir heute mehr als je zuvor, und es wird nicht ver-

blassen, solange es monarchisch gesinnte Menschen gibt! Gelesen im Werk von St. Amand: Das letzte Jahr der Marie Antoinette. Daß die Folgen des bedauernswerten Fehltritts, begangen am 10. Oktober, für immer gelöscht sein mögen – nie zwischen dem 5. und 6. Oktober und dem 16. Bei den heiligen Küssen der Marmorsäule in der großen Galerie beim Salon des Friedens und jenen der Marmorsäule hier (im Vestibül) des Steinsockels des symbolischen Kreuzes und des Schnees. Linderhof, den 16. Oktober 1881. Denkt an 83 LS und an die ersten Nächte in Basse ville [?] in drei Jahren, wenn alles gut geht! I.L.S.V. – zehn Jahre seit Versailles.«

13) Als »Didier« bezeichnete Ludwig den Schauspieler Josef Kainz (1858–1910), der diese Rolle am 30. 4. 1881 in dem Stück »Marion Delorme« von Victor Hugo spielte.
Im Juni 1881 lud ihn der König nach Linderhof ein, wo er den Überraschten in der Venusgrotte empfing. Kainz blieb dann volle zwölf Tage in Linderhof. Daß der König nicht den Menschen Josef Kainz, sondern den Darsteller des Didier geladen hatte, sollte der junge Mime bald zu spüren bekommen. Kainz mußte fast ununterbrochen aus Goethe, Schillers und Hugos Werken deklamie-

ren; dabei floß der Sekt in Strömen, und zur Erholung unternahm man sechsspännige Schlittenfahrten. Hofsekretär Ludwig v. Bürkel berichtet später darüber:

»Der Herrscher bot ihm das ›Du‹ an, er glaubte, in ihm einen Menschen gefunden zu haben, der ihn verstand, er träumte sich in ein Carlos-Posa-Verhältnis hinein; er nannte sich Saverny und nannte ihn Didier nach den beiden Hauptrollen in ›Marion Delorme‹; er schrieb ihm Briefe, genauso bombastisch und überschwenglich, wie er sie an Wagner, an Ziegler und auch an mich gerichtet hat.«

Mit Kainz reiste Ludwig im Juli 1881 für kurze Zeit in die Schweiz. Sie bewohnten die Villa Guttenberg am Vierwaldstätter See, von wo sie täglich Ausflüge in die Umgebung unternahmen. Natürlich wurden die Schillerschen Tell-Gedächtnis-Stätten besucht, und Kainz mußte dazu passende Stellen aus dem »Tell« deklamieren. C. Beyer hat diese Reise erforscht und schreibt:

»Zuweilen ließ der König auch in einsamer Nacht an bestimmten Stellen des Seegestades freundliche Weisen auf dem Posthorn blasen, die das Echo hundertfältig abgestuft zum königlichen Dampfer herübertrug.«

Für Josef Kainz war dies eine sehr anstrengende Reise; er war ein junger, gesunder Mann von 23 Jahren und hätte wohl gern manche Nacht lieber schlafend als deklamierend verbracht. Und dann kam, was zu erwarten war. Frau Kainz schreibt in ihren Erinnerungen:

»Es war Nacht, als sie das Rütli bestiegen – eine wunderbare leuchtende Nacht. Von dem Zauber der Umgebung hingerissen, wandte sich der König an den Freund und bat ihn, ihm die Melchtal-Szene vorzusprechen. Übermüdet, wie er war, vor Mattigkeit fast tonlos, lehnte Kainz ab. Der König ließ nicht nach. Er gemahnte an ein ihm gegebenes Versprechen, die Szene einst an richtiger Stelle vor ihm sprechen zu wollen. Kainz weigerte sich. Mit der Müdigkeit verband sich noch bei ihm ein Gefühl von Unbehagen, in die stille Nacht hinein laute Sätze reden zu sollen. Der König bat zuerst, fordert dann und befahl zuletzt. Hier erwachte in dem Künstler der Trotz. Er blieb bei seiner Weigerung, und der König wandte ihm ohne weiteres den Rücken zu und ging davon.«

Damit war der Bruch vollzogen, wenn auch Ludwig dem jungen Schauspieler weiterhin freundlich gesinnt war und mit ihm in brieflicher Verbindung blieb.

14) Auch »Hundinghütte« genannt. 1876 im Wald bei Linderhof nach dem Vorbild aus dem ersten Akt der »Walküre« errichtet. Die ganz aus Holz gebaute Hütte bestand aus einem einzigen Raum, in dessen Mitte eine knorrige Buche ihre Äste bis zur Decke streckte. Ludwig veranstaltete dort auf Bärenfellen Metgelage im »altgermanischen« Stil, nützte die Hütte aber meist für einsame Lesestunden. Der Bau ist 1945 abgebrannt.
Das weiter unten erwähnte »marokkanische Haus« (auch »marokkanisches Teehaus« genannt) wurde auf der Pariser Weltausstellung 1878 gekauft und im Park von Linderhof aufgestellt. Es wurde 1983 abgebaut und harrt seiner Restaurierung.

15) Hier enden die Aufzeichnungen von Ludwigs Zusammensein mit Kainz in Linderhof. Darauf folgte die im Tagebuch nicht beschriebene Schweizer Reise.

Für das Jahr 1879 fehlen Tagebuchaufzeichnungen. Vielleicht war Ludwig so mit seinen Bauvorhaben beschäftigt, daß er keine Zeit dafür fand. 1878 war der Bau von Herrenchiemsee begonnen worden, der Rohbau von Neuschwanstein war etwa halbfertig. Ins Tagebuch finden diese Projekte kaum Eingang, und es ist schon viel, wenn Ludwig schreibt: »Für Chiemsee Schloß bestimmes betrachtet.«
Die Begegnung mit Richard Wagner im November 1880 muß den König besonders bewegt haben. Aufs neue beschwört er seine Freundschaft mit den Worten: »Ich habe immer sagen hören, daß zwischen einem Fürsten und einem Untertanen keine Freundschaft möglich ist. Wir wollen beweisen ...« Dann verliert sich dieser Gedanke wieder in wirren Satzkonstruktionen. Als Wagner am 31. 10. 1880 in München eintraf, erwarten den inzwischen Weltberühmten eine Reihe von Festen und Ehrungen. Er nimmt an der Aufführung seiner Opern »Der fliegende Holländer«, »Tristan« und »Lohengrin« – hier ist auch der König zugegen – teil. Franz Lenbach gibt Wagner zu Ehren ein glänzendes »Renaissancefest«, wobei dieser

mit dem Gastgeber in einen erregten Streit über Bismarck und dessen Politik gerät. Wagner scheint überhaupt während dieser Zeit in mehrere Fettnäpfchen getreten zu sein.
Laut Tagebuch nimmt Wagner an der Aida-Aufführung am 13. 11. teil, während Ludwigs Biograph G. v. Böhm dies verneint und behauptet, Wagner sei statt dessen im Gärtnertheater gewesen. Dies war jedenfalls die letzte persönliche Begegnung Wagners mit seinem königlichen Gönner. Wagner starb am 13. 2. 1883 in Venedig – in Ludwigs Tagebuch findet sein Tod keine Erwähnung.
Für die Konfusion in den Tagebuchblättern – Okt. 1881 folgt vor Frühjahr 1881 – gibt es nur Hypothesen. Möglicherweise hat Ludwig beim Eintrag von Mai/Juni 1881 aus Versehen einige Blätter übersprungen, die er dann im Oktober 1881 nachträglich mit den französischen Eintragungen versah.

Schloß Neuschwanstein, erbaut unter Ludwig II. von Bayern nach Plänen von Ch. Jank.

Tagebuch

1884–1885

Ein bedeutungsvoller, wichtiger Tag wie »le saint Louis et le 1 Sept« hat nachwirkende Kraft auf 14 Tage[1] XIV le 3 sept. dernières embrassements[2] heureusement sans baisers! – »Baiser de la colonne«. Que Dieu me sanctifie et la memoire du Grand Roy Louis, XIV.
Desormais jamais;
Desormais jamais;
Desormais jamais!
Souvenez Vous Sire!
souvenez Vous!
Souvenez Vous! –[2]
1884, leider 4 mal im Jahre 85 v. J. der 40 werden (4mal leider) aber jetzt nie, nie nie mehr! 13 September Endgültiger Schluß, mithin i. J. v. 40 also nicht ganz 3 Wochen nach dem –

*

Le 16 octobre anniversaire du Martyr de l'auguste et noble Reine Marie Antoinette, certainement dernières baisers sensuels et profanes – vers le grand crucifix (Oberammergau) baisers, qui doivent tuer la Force et les suites des autres qui sont défendu à jamais et défendu très sevèrement – messe de deuil [...] Que la memoire du martyre et de la Sainte mort de la grande Reine me donne la force à dompter le mal que je maudis auquel je veux renoncer à jamais! jamais! jamais!!! dix ans après Reims (25 août 1875/85) Louis.
LM.
16 octobre
derniers baisers juré
devant l'image du Grand Roy
terassant le mal!!!
16 nov.)[3)]

*

Nach dem Oktober-Aufenthalt, in Linderhof, Riß, (Hochkopf Ausflug) nicht in die Stadt zu Vorstellungen, 31 spät wieder nach Linderhof Ausflüge; [...] 9. Hohenschwangau – 18 oben Burg [...] Schweizerhaus, 12 Dec. Linderhof 8 Tage Marion d'Escaut. [...] Hohenschw. Ausflüge 21. spät fort. [...] Am 30. Dec im Jahre, in dem Ich 40 wurde letzter Fall, unwiderruflich, mit Gottes u. des Königs Hilfe! –[4)]

1) Vermutlich Hinweis auf den eigenen Geburtstag (25. 8. 1845) der mit dem Todestag Ludwig des Heiligen von Frankreich (25. 8. 1270) identisch ist.
2) »Am 3. September die letzten Umarmungen, glücklicherweise ohne Küsse! ›Der Säulenkuß‹. Gott möge mich segnen und die Erinnerung an den großen König Ludwig XIV. Künftig nie mehr; Künftig nie mehr; Künftig nie mehr! Denken Sie daran, Sire! denken Sie daran! Denken Sie daran!«
3) »Am 16. Oktober, dem Jahrestag des Martyriums der erhabenen und edlen Königin Marie Antoinette sicherlich die letzten sinnlichen und profanen Küsse. Auf das große Kruzifix (Oberammergau) Küsse, die auslöschen sollen die Kraft und die Folgen der anderen, die für immer verboten sind und verboten auf strengste Art. Trauermesse [...] Das Andenken des Martyriums und des heiligen Todes der großen Königin möge mir die Kraft verleihen, das Böse zu überwinden, das ich verfluche, dem ich entsagen will für immer! immer! immer!!! Zehn Jahre nach Reims (25. August 1875/85) Louis. LM. 16. Oktober, letzte Küsse, geschworen vor dem

Bild des großen Königs, das Böse überwindend!!! 16. Nov.«

Mit dem »LM« besiegelt der König die Anrufung Marie Antoinettes, indem er ihren Namen mit dem seinen verbindet.

4) Einige Passagen auf diesem Tagebuchblatt sind unleserlich und wurden, wie auch an anderen Stellen, mit [. . .] gekennzeichnet.

Kommentar zu 1884–1885

In diesen Jahren steigt die Verschuldung der königlichen Kabinettskasse so sehr an, daß Finanzminister von Riedel am 1. 6. 1884 eine Bankanleihe aufnehmen muß. Trotzdem erreichen die Schulden im nächsten Jahr schon wieder eine Höhe von 6 Millionen Gulden.
In dieser Zeit hält der König sich meistens in Linderhof und Neuschwanstein auf. Seine Menschenscheu hat pathologische Züge erreicht; keine höhere Amtsperson wird mehr vorgelassen, der König mißtraut allen. Ludwig verkehrt nur noch über einige vertraute Diener, wie den Friseur Hoppe oder den Lakai Hesselschwerdt mit dem bayrischen Kabinett. Die hohe Verschuldung des Königs wird allgemein bekannt und ist ein Lieblingsthema der Presse. Im Winter 1885 sendet Ludwig einige vertraute Diener nach Frankfurt; sie sollen dort bei Rothschild einbrechen und die für seine Bauten nötigen Millionen rauben. Die Leute fuhren nach Frankfurt, blieben einige Tage und kehrten wieder zurück, natürlich ohne etwas erreicht zu haben. In dieser Zeit versichert Ludwig seiner Umgebung immer wieder, er müsse zugrundegehen,

wenn er nicht weiterbauen könne. In seiner Verzweiflung wendet sich der König an Bismarck, den einzigen Preußen, dem er traut. Der antwortet mit den diplomatischen Zeilen:
»Es scheint zweifellos, daß Bewilligungen des Landtages gegenwärtig überhaupt nicht und in Zukunft nur dann zu erwarten sind, wenn der Landtag die Überzeugung gewonnen haben wird, daß die Einrichtungen der Allerhöchsten Kabinettskasse der Wiederkehr einer Erschöpfung derselben vorbeugen. Auch für die Beschaffung irgendwelcher Anleihen von außen her bilden derartige Einrichtungen der Ersparnis die unabweisliche Vorbedingung, ohne welche sich Kapitalien unter annahmebaren Bedingungen nicht auftreiben lassen. Es gibt für jetzt keine andere Hilfe als diejenige, welche Eure Majestät in Allerhöchstihren eigenen Mitteln und Entschließungen finden können.«
Eine etwas umständlich formulierte Ablehnung. Bismarck weiß recht gut, daß Ludwigs Bedürfnisse ein Faß ohne Boden sind und daß von »Allerhöchstihren eigenen Mitteln« nicht mehr die Rede sein kann. Die hohen Herren und sogar der verehrte Bismarck lassen ihn fallen. So muß wieder einmal die treue Dienerschaft an die Front. Der Hoffriseur Hoppe wird mit persönlichen Aufträgen des Königs nach München

geschickt. Er soll dort ein neues Kabinett bilden. Mit einem Wort: Die Lage wird untragbar, und eine Zeitung spricht dies offen aus: »... daß untergeordnete Männer sich unterfangen, Ministerposten anzubieten und sich als Dolmetscher des höchsten Willens aufzuspielen, während auf flacher Hand liegt, daß die Erteilung ähnlicher Aufträge an einen Friseur oder Lakaien nicht ernst gemeint sein kann und leider als Symptom schwerer Krankheit aufgefaßt werden muß.«

Doch der König will aus all dem nicht die Konsequenzen ziehen, er verhält sich wie ein Drogensüchtiger, der unbedingt seinen »Stoff« haben muß. Seinem Flügeladjutanten, dem Grafen Dürckheim, droht er in einem Brief:

»Wenn es ... nicht gelingt, eine bestimmte Summe (etwa in vier Wochen) herbeizuschaffen, so wird Linderhof und Herrenchiemsee, mein Eigentum also, gerichtlich beschlagnahmt! Wenn dies nicht rechtzeitig verhindert wird, werde ich mich entweder sofort töten oder jedenfalls das verfluchte Land, in welchem so Schauderhaftes geschah, sofort und für immer verlassen.«

Doch die Loyalität nicht nur des Gesamtministeriums, sondern auch der persönlichen Dienerschaft gerät ins Wanken und man beginnt auf Abhilfe anderer Art zu sinnen. So wird schon Mitte des Jahres 1885 dem Prinzen Luitpold nahegelegt, die Regentschaft zu übernehmen. Der aber lehnt ein solches Ansinnen strikt ab, ehe nicht die Krankheit seines Neffen genau festgestellt sei.

Alles steuert auf eine Katastrophe hin, doch niemand weiß, wie sie aussehen und wann genau sie eintreffen wird. Mit dem Jahr 1886 beginnt Ludwig den letzten Band seiner »beiden« geheimen Tagebücher.

Tagebuch
1886

Ludwig II., König von Bayern, Porträt 1886.

C'est au nom de Dieu et pensant au grand Roy, au Roy immortel, que je commence ce livre, que le Dieu tout puissant me donne la force, que la mémoire du Roy me sanctific, afin que je puisse vaincre le mal dompter les sens, que pas une seule fois il soit question dans ce livre, d'une rechutte (la dernière dans l'année des quarante.

Donné à Hohenschwangau

Louis

19 Janvier 1886

Devant le portrait du Roy.[1)]

*

le 21 janvier anniversaire de l'assasinat du Roy <u>Louis XVI</u> journée à jamais lugubre et. Terrible messe de deuil, juré de nouveau devant l'image de la Sainte Vierge et l'enfant Jésus. et devant celui du Saint Roy Louis IX (Drapeau blanc) baisant le Crucifix, jurant de meme devant

l'image du Roy Louis XIV le Grand de dompter le mal de vaincre les sens.
Que Dieu ainsi que la mémoire de ces illustres Roys me donne la force à tenir mon serment
Le souvenir du sang royal du Christ et du Roy martyr doit puissamant contribuer à me fortifier dans mes projets de sagesse et de vertu.
donné à Hohenschwangau.
le 21. Janvier 1886.
Louis.[2)]

*

Au sens, haine mortelle! plus de baisers la veille juré le jour du 27. Janvier. –
en souvenance de la mort auguste du Roy Charles I. d'Angleterre et du Roy Louis XVI de France et de Navarre aboli –[3)]
13 Febr. 3 Jahre seit dem Ableben Richard Wagners geschworen bei seinem unsterblichen Namen u. vor dem Bild des großen Königs nie wieder (baisers sensuels) le 15 avril 1886 le matin definitivement la dernière chute (que

je deplore de tout mon coeur et dont je me répends serieusement. 4 mois et 10 jours avant que les 41 ont sonné! donc encore [. . .] ans, le 18 [. . .] [dimanche] des rameaux (Polen [. . .]) le serment donné devant l'image de la sainte vierge immaculée près du lit, serment.[4)]

*

devant l'image de Saint Louis dans l'oratoire, devant le portrait du Grand Roy Louis XIV et serment de meme devant la niche du trone, (palmes, images des saints Roys, du Sauveur! – jamais, désormais jamais jamais
et serment le meme dimanche dans l'église des touts saints (image de Saint Louis dans l'eglise de Saint Louis/devant l'image, du Saint Roy dans l'eglise nommé la basilique (niche du sainte autel devant les palmes devant l'image du Sauveur et la sainte vierge)
le 6. Mai
7 h matin
3 mois et 17 jours (nombre des Lys royaux) (grandsiècle Avant 41).

dernière faute sensuelle et baisers –
du nom du grand Roy
fin à jamais
– definitivement pour la dernière fois.
Hohenschwangau le 8 Mai 1886.
Louis[5)]

*

11 Mai Berg, 2 Tage, 14 Riß 1 Tag.
16 Hohenschw. [...]
Mondnächte. 19. Linderhof: schöner Ausflug, Lektüre (comte de Paris) 30. Wiedersehen mit Alphonse[6)] *gefeiert, Mahl in der Grotte Fahrt Ammerwald, Plansee [...] !*
1. Juni definitivement dernière chute 2 mois 3 semaines devant 41
Souvenez – vous Sire
souvenez – vous
souvenez vous
désormais jamais!
désormais jamais!
desormais jamais!!!

Juré au nom du Grand Roy et invoquant l'aide puissant du Seigneur[7)]
Linderhof. Louis.
(Auch der Küsse streng enthalten
je le jure au nom du Roy des Roys)
Alfons (7 juin)

Anmerkungen für das Jahr 1886

1) »Im Namen Gottes und im Gedanken an den großen König, den unsterblichen König, beginne ich dieses Buch. Gott der Allmächtige möge mir die Kraft geben und das Andenken des Königs mich heiligen, auf daß ich das Böse besiege und die Sinne bändige, damit nicht ein einziges Mal in diesem Buch von einem Rückfall in die Sünde die Rede sei, der letzte im Jahre der vierzig. Gegeben zu Hohenschwangau – Louis. 19. Januar 1886, vor dem Porträt des Königs.«

2) »Am 21. Januar, Jahrestag der Ermordung König Ludwigs XVI., auf ewig finsterer und schrecklicher Tag, Trauermesse, wieder geschworen vor dem Bild der Heiligen Jungfrau und des Jesuskindes und vor dem des Heiligen Königs Ludwig IX. (weißes Banner), das Kruzifix küssend und schwörend auch vor dem Bild König Ludwig XIV., des Großen, das Böse zu überwinden und die Sinne zu besiegen. Möge Gott wie auch das Andenken an diese erlauchten Könige mir die Kraft geben, meinen Schwur zu halten. Die Erinnerung an das königliche Blut Christi und des Märtyrerkönigs soll macht-

voll dazu beitragen, mich in meinen weisen und tugendhaften Vorsätzen zu stärken.
Gegeben zu Hohenschwangau am 21. Jan. 1886.
Louis.«

3) »Den Sinnen tödlicher Haß! Keine Küsse mehr seit gestern abend, geschworen am Tag des 27. Januar. Im Andenken an den erhabenen Tod des Königs Karl I. von England und des gestürzten Königs Ludwig XVI. von Frankreich und Navarra.«
4) »(sinnliche Küsse) am 15. April morgens unwiderruflich der letzte Sündenfall, den ich von ganzem Herzen beklage und ernsthaft bereue. 4 Monate und 10 Tage bevor die 41 geschlagen haben! Also noch [...] Jahre, den 18 [...] Palmsonntag [?] (Polen [...]) Schwur vor dem Bild der unbefleckten heiligen Jungfrau, nahe am Bett, Schwur.«
5) »Vor dem Bildnis des Heiligen Ludwig in der Kapelle, vor dem Portrait des großen Königs Ludwig XIV., auch geschworen vor der Nische des Thrones (Palmen, Bilder der Heiligen Könige, des Erlösers!), niemals, von nun an niemals, niemals mehr und Schwur am gleichen Sonntag in der Allerheiligenkirche (Bildnis des Hl. Ludwig in der Ludwigskirche) vor dem Bildnis des heiligen Königs in der Kirche, die Basilika genannt (Nische des heiligen Altars vor den Palmen, vor dem Bild des Erlösers und der hei-

ligen Jungfrau) am 6. Mai, 3 Monate und 17 Tage, (Zahl der königlichen Lilien – großes Jahrhundert vor 41) 7 Uhr früh letzter sinnlicher Fehltritt und Küsse. Im Namen des großen Königs, Schluß für immer, endgültig zum letzten Mal. Hohenschwangau, am 8. Mai 1886. Louis.«

6) Alfons Weber, einer der bis zuletzt dem König treu ergebenen Diener. Weber war unmittelbarer Zeuge der Festnahme des Königs auf Neuschwanstein am 12. 6. 1886. Mit ihm führte der König das letzte Gespräch in Freiheit und zu ihm sagte er: »Von der höchsten Stufe des Lebens hinabgeschleudert zu werden in ein Nichts – das ist ein verlorenes Leben, das ertrage ich nicht. Daß man mir die Krone nimmt, könnte ich verschmerzen, aber daß man mich für irrsinnig erklärt hat, überlebe ich nicht. Ich könnte es nicht ertragen, daß es mir ergeht wie meinem Bruder Otto, dem jeder Wärter befehlen darf und dem man mit Fäusten droht, wenn er nicht folgen will.«

Der König schenkte Weber, der eigentlich Soldat war, 1200 Mark und die berühmte Brillantagraffe von seinem schwarzen Hut. Für den Fall, daß diese von der Schatzkammer zurückgefordert werde, stellte ihm Ludwig eine Anweisung über 25 000 Mark aus. Als Weber die Geschenke weinend ab-

wehren wollte, sagte Ludwig:
»Du hast es verdient, du warst mein Getreuester. Nimm' es nur, ich brauche kein Geld mehr.«
Webers Vorname Alfons – er unterzeichnete selbst – steht als letztes Wort im Tagebuch König Ludwigs II. von Bayern. Auf dieser Seite befindet sich das große Königssiegel, als hätte Ludwig geahnt, daß er seine Aufzeichnungen nun endgültig abschließen würde. Eine Woche später ertrank er bei Berg im Starnberger See.

7) »1. Juni endgültig letzter Sündenfall, 2 Monate 3 Wochen vor 41. Denken Sie daran, Sire, denken Sie daran, denken Sie daran, künftig nie mehr! von nun an künftig nie mehr!! Künftig nie mehr!!! Geschworen im Namen des großen Königs und die machtvolle Hilfe des Erlösers anrufend. Linderhof. Louis.
Ich schwöre es im Namen des Königs der Könige. Alfons (7. Juni)« [1886]

Dieses Tagebuch (der zweite Band) beginnt und endet mit einem Versprechen, doch es hat nichts geholfen – immer wieder erlag Ludwig den Versuchungen, immer wieder fiel er in »Sünde«. Dabei wollte er doch so gern der reine König sein, unbefleckt von Sinnlichkeit und kein armes Opfer niedriger Triebe. Dem Leser wird nicht entgangen sein, daß Ludwig sich hierbei gleichsam in zwei Wesen spaltet. Da ist der geweihte, gesalbte und geheiligte König, – ein sakrosanktes Symbol im Glanz der alten heiligen Krone, ein Wesen ohne Makel. Da ist aber auch der Mensch aus Fleisch und Blut, der ißt und trinkt und schläft und immer wieder sündigt. Er, der Mensch, gelobt dem anderen Ich, dem sakrosankten König, Besserung, schwört beim heiligen Königsnamen (oder bei dem der anderen, der französischen Namensvettern), verspricht, bereut und kämpft doch einen aussichtslosen, ausweglosen Kampf.
Dem Leser mögen die zermürbenden Selbstvorwürfe der gelegentlichen Selbstbefriedigung, der »Küsse« und der »Umarmungen« aus heutiger Sicht belustigen. Ludwig, dem streng asexuell und in verlogener

Moral des 19. Jahrhundert Erzogenen, bedeuten sie den schlimmen, immer wiederkehrenden »Fall«, die Nachtseite seines Daseins, etwas, das er dem geheimen Tagebuch anvertraute.
Über das letzte traurige Kapitel dieses zerrissenen Lebens – Entmündigung, Festnahme und Tod – wird der Leser in der reichhaltigen Ludwigsliteratur detaillierte Aufklärung finden; mit dem Tagebuch hat dies nichts mehr zu tun. Die allerdings zum Teil sehr einseitigen und damit wertlosen Publikationen über König Ludwig II. – sie werden 1986 zur Lawine anwachsen – kann der neutral orientierte Leser durch das Buch »Ludwig II. in Augenzeugenberichten« weitgehend ersetzen.
Im übrigen lassen sich viele interessante Einzelheiten dem ärztlichen Gutachten entnehmen, das über den Geisteszustand des Königs erstellt wurde und zu seiner Entmündigung und Absetzung führte. Wie weit es allerdings mit den heutigen Erkenntnissen über Geisteskrankheiten noch übereinstimmt, mag dahingestellt bleiben – um so mehr, als es in Abwesenheit des »Patienten« verfaßt wurde.

Ärztliches Gutachten
über den Geisteszustand Seiner Majestät des Königs Ludwig II. von Bayern

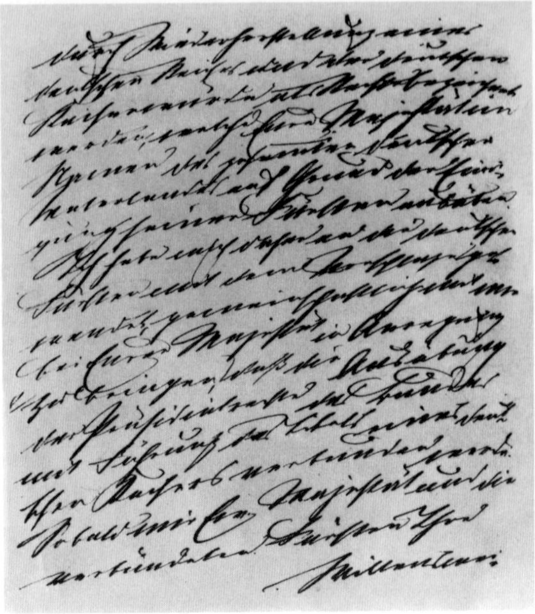

Brief Ludwig II., Hohenschwangau den 30.11.1870, an König Wilhelm I. v. Preußen: Im Namen der deutschen Fürsten und freien Städte bietet Ludwig II. die Kaiserwürde an.

So peinlich es für die unterzeichneten Ärzte ist, an die Beurtheilung des geistigen Zustandes Seiner Majestät ihres Königs heranzutreten, sie müssen dem erhaltenen Befehle Folge leisten und erstatten hiemit unter ausdrücklicher Berufung auf den von ihnen geleisteten Eid, ihrer schweren Verantwortlichkeit vollkommen bewußt, nach Pflicht und Gewissen das verlangte Gutachten, wobei sie bemerken, daß eine persönliche Untersuchung Seiner Majestät, was weiter auseinanderzusetzen überflüßig sein wird, unthunlich, bei dem vorliegenden Aktenmaterial aber auch nicht nothwendig war.
Zunächst darf an die notorische Thatsache erinnert werden, daß eine Tante Seiner Majestät, Ihre Königliche Hoheit Prinzessin Alexandra, eine lange Reihe von Jahren (bis zum erfolgten Tode) an unheilbarer Geisteskrankheit litt. Ist hierauf auch nicht allzugroßes Gewicht zu legen, so muß um so mehr hervorgehoben werden, daß auch der jüngere Bruder Seiner Majestät, Seine Königliche Hoheit Prinz Otto von Bayern, unheilbar geisteskrank ist, daß Höchstdessen Erkrankung in ihren Anfängen sich bis in die Ju-

gend verfolgen und Züge erkennen läßt, deren Verwandtschaft mit gewissen Erscheinungen bei Seiner Majestät sich unwillkürlich und unabweisbar aufdrängt.

Dem mitunterzeichneten Obermedizinalrath von Gudden klagte Seine Königliche Hoheit zu einer noch relativ freien Zeit, daß Höchstdessen qualvolle Zustände von Angst und innerer Unruhe sich vorübergehend schon in früher Jugend bemerkbar gemacht hätten, daß beispielsweise es Seiner Königlichen Hoheit als Lieutenant mit 17 Jahren bei der ersten Residenzwache, als Münchener Einwohner voll freudiger Theilnahme sich sammelten und zuschauten, zu Muthe gewesen sei, als ständen Höchstderselbe am »Schandpfahle«; dabei leiden Seine Königliche Hoheit an den widerwärtigsten Empfindungen in der Brust und im Unterleibe, an Hallucinationen sämmtlicher Sinne, an motorischen Erregungen, die sich in den verschiedensten schleudernden und springenden Bewegungen der Arme und Beine äußern, sind nicht selten gemüthlich in hohem Grade gereizt und zu Gewaltthätigkeiten geneigt, dabei, im Gegensatze und gewissermassen im Gegengewichte zu so manchen niederdrückenden Empfindungen und Vorstellungen, nicht selten von einem so außerordentlich gesteigerten Bewußtsein Höchst-Seiner

Stellung durchdrungen, daß Aeußerungen, wie »Niemand hat mir zu befehlen, selbst der König nicht« öfters vernommen und alle Bemühungen, auf Seine Königliche Hoheit durch ärztlichen Rath oder möglichst schonend getroffene äußere Veranstaltungen einzuwirken, von vorneherein verloren waren.
Auch bei Seiner Majestät scheinen schon früher ähnliche Anwandlungen von innerer Angst und Aufregung sich eingestellt zu haben. Seine Königliche Hoheit Prinz Otto theilte dem mitunterzeichneten Obermedizinalrathe von Gudden gelegentlich seiner eigenen bezüglichen Klagen mit, daß Seine Majestät an demselben Übel litten. Seine Majestät seien überhaupt sehr ängstlich und hätten bei den Spaziergängen im englischen Garten Seiner Königl. Hoheit oft den Auftrag gegeben, ja darauf Acht zu geben, daß keine Begegnung mit Anderen stattfände. Auch der verstorbene Staatsrath von Neumayr theilte demselben Arzte mit, wie schwer mitunter schon relativ kurze Zeit nach der Thronbesteigung bei dem Besuche der fränkischen Kreise es gehalten habe, Seine Majestät zu bewegen, an die Öffentlichkeit zu treten. Im Jahre 1872 wurde Herr Ministerialrath von Ziegler in das Kabinetssekretariat berufen. Derselbe hörte (vergl. dessen Aeußerungen Bogen 1) von Staatsrath Eisenhart und von Personen des Hofes, wie schwer es

Seine Majestät ankomme, Audienzen zu ertheilen, insbesondere solche staatsgeschäftlicher Natur. Die Scheu vor Begegnungen mit Menschen trat mehr und mehr zu Tage, (1. c.) die Besuche der Kirche in Berg wurden immer seltener, endlich ließen Seine Majestät im abgeschlossenen Parke zu Berg ein romantisches Kirchlein bauen und sich die Messe lesen, ohne daß derselben irgend Jemand beiwohnen durfte. (Bogen 2.) Um keinen Menschen im Theater sehen zu müssen, kam es zu den bekannten Separatvorstellungen (vgl. Äußerung des k. Stallmeisters Hornig Blatt 5, auch die des k. Ministerialrathes von Ziegler Bogen 2). Der Verkehr mit Menschen wurde Seiner Majestät immer entsetzlicher (v. Ziegler Bogen 6). Nach Ablauf des Hohenschwangauer Winteraufenthaltes nach München zurückzukehren, war für Seine Majestät fürchterlich. Der Aufenthalt in Hohenschwangau wurde deshalb immer weiter ausgedehnt, und von 1876 bis 1883 nach und nach um einen Monat verlängert. Die Befehle zur Abreise von Hohenschwangau wurden im letzten Augenblicke gegeben. (v. Ziegler Bogen 4.) Wochenlang schon vorher habe es Seine Majestät aufgeregt, wenn die Hofhaltung nach München verlegt werden sollte. In Seeshaupt oder Peißenberg seien Allerhöchstdieselben stundenlang unentschlossen und zögernd umhergegangen, bis der Zug bestiegen wurde, wären lieber wieder umgekehrt, München sei für Allerhöchstdieselben »eine Qual, ein Gefängniß«, so die eigenen Worte Seiner Majestät. Dieselbe Aufregung pflegte den Hoftafeln, die deßhalb öfters auch aufgeschoben wurde, vorherzugehen. Es sei – wieder die eigenen Worte Seiner Majestät – Allerhöchstdenselben zu Muthe, »als gehe es zum Schaffot«. Acht bis zehn Glas Champagner seien jedesmal zur Erleichterung vorher getrunken worden. (vergl. Ziff. 15 und 16 in den Aeußerungen des k. Marstallfouries Heßelschwerdt und k. Kammerdieners Welker.) Mit der Annäherung des Eisenbahnzuges an die Stadt, sagt der k. Stallmeister Hornig (Blatt 5) steigerten sich die Zorn- und Wuthausbrüche Seiner Majestät und Ministerialrath von Ziegler spricht sich über die Hoftafeln folgendermaßen aus (Bogen 6): Wochenlang vor einer Tafel war von diesem »Unglück« die Rede und jeder Gegenstand des Vortrages trat vor diesem Thema weit in den Hintergrund. Die Vorträge verlängerten sich bis zu 3–4 Stunden, Seine Majestät konnten kein Ende finden, ergingen sich über die Tafelgäste in den aufgeregtesten, unglaublichsten Ausdrücken und sagten verschiedene Male die für den nächsten Tag bestimmte Tafel noch in der vorhergehenden Nacht ab, obwohl alle Vorbereitungen getroffen waren.

War aber wirklich der Tag einer solchen Tafel gekommen, dann war die Stimmung bei dem Vortrag, welcher stets noch wenige Stunden vor der Tafel stattfand, die aufgeregteste, die man sich denken kann. Hastige Erkundigungen über den einen oder andern der Gäste, Hin- und Herlaufen im Zimmer, Verwünschungen aller Art, – dies war das stets wiederkehrende Bild. Die Eingeweihten sahen diesen Tafeln immer mit Angst entgegen, weil sie befürchten mußten, die Kraft der Selbstbeherrschung Seiner Majestät werde unterliegen. Seine Majestät befahlen auch, daß der Allerhöchste Platz an der Tafel mit Aufsätzen, Blumen u.s.w. so besetzt werde, daß man Allerhöchstdieselben so wenig als möglich sehen könne, auch wurde die lärmendste Musik absichtlich befohlen. Bei der Tafel selbst ließen Seine Majestät oft wilde Blicke umherschießen, stießen auch hier und da voll Wuth mit dem Säbel auf den Boden (vergl. auch die Mittheilungen des Herrn Ministerialraths von Ziegler über das Verhalten Seiner Majestät beim Besuche der Wagner'schen Aufführung in Bayreuth im Jahre 1876 (Bogen 11), – die Mittheilungen desselben Berichterstatters über die Reise in die Schweiz mit dem Schauspieler Kainz (Bogen 12), sowie über das Benehmen Seiner Majestät gegenüber verschiedenen Höchsten und Allerhöchsten Herrschaften.

Die nicht selten auftretende Aufgeregtheit Seiner Majestät vor Empfängen, vor und nach Besuchen, vor Hoftafeln, bestätigt auch Oberregierungsrath von Müller unter Ziffer 4 seiner Äußerung. In ganz besonderem Grade habe sie sich gezeigt bei den ersten allerunterthänigsten Vorträgen über das Wittelsbacher Jubiläum, welche Vorträge zumeist in den Monat Dezember 1879 fielen; die allerehrerbietigsten Vorstellungen, welche auf Theilnahme Seiner Majestät an dem Feste abzielten, bewirkten eine sich immer mehr steigernde Aufregung; es trat von Tag zu Tag klarer hervor, daß ein definitiv bejahender Entscheid nicht erfließen werde und daß das Offenhalten der Frage zu fortgesetzter Monate langer Beunruhigung Seiner Majestät führen würde, ohne die Hoffnung auf eine schließliche allergnädigste Anwohnung auch nur mit einiger Wahrscheinlichkeit zu eröffnen.
Die Folgen dieser krankhaften Verstimmungen und innerlichen Hemmungen wurden immer trüber und verhängnißvoller. Der k. Stallmeister Hornig, welcher seit dem Jahre 1867 in der Umgebung Seiner Majestät sich befindet, berichtet in seinen Aufzeichnungen (Blatt 1) daß anfangs Seine Majestät noch ein größeres Bedürfniß nach dem Verkehr mit Menschen fühlten. Es seien bei den nächtlichen Ritten, die meistens beim Mondscheine unternommen wurden, Fe-

ste im Walde veranstaltet worden, zu denen jüngere Bedienstete vom Marstallpersonale, auch Lakaien, befohlen wurden. Unter Zelten wurde dann bis zum frühen Morgen gezecht und andere Unterhaltungen in kleinen Spielen z. B. Ring verstecken, Schneider leihe mir deine Scheere u.s.w. gesucht. Später hörten diese Unterhaltungen auf, doch kam es noch in neuerer Zeit vor, daß gelegentlich des Aufenthaltes Seiner Majestät auf dem Schachen Stallleute im dortigen, im türkischen Style eingerichteten Zimmer in orientalischer Weise sitzend, mit Seiner Majestät Sorbet trinken und aus türkischen Pfeifen rauchen mußten. Auch im sogen. beim Linderhof gelegenen Hundingshause kam Ähnliches vor, auf Fellen ruhend zechte das Personal aus großen Trinkhörnern Meth. Notorisch dagegen ist, daß Seine Majestät seit einer längeren Reihe von Jahren persönlich nicht mehr mit den Inhabern der höchsten Hofstellen, mit dem k. Staatsministerium verkehren, daß (Aeußerungen von Heßelschwerdt und Welker vom 18. Mai 1) Allerhöchstdieselben in den letzten Jahren sogar den Kabinetssekretär nur vielleicht zweimal, den Hofsekretär aber gar nicht mehr sahen. Der ganze persönliche Verkehr Seiner Majestät beschränkt sich gegenwärtig auf wenige Personen von der untergeordneten Dienerschaft, und bildet die fast kindlich hilflose Lage, in die Allerhöchstdieselben durch diese Isolierung gerathen sind, (Lakaien und Friseure auf der Suche nach neuen Ministern und einem neuen Kabinetssekretär) einen wahrhaft tragischen Contrast zu dem vorhandenen in geradezu unnatürlicher Weise hinaufgeschraubten Bewußtsein (vergl. unter Anderem auch die Aeußerung des Geheimsekretärs Thelemann) absoluter Machtfülle und Selbstherrlichkeit.

Ob Seine Majestät an eigentlichen *Hallucinationen* leiden, läßt sich mit voller Sicherheit nicht behaupten. Es sprechen dafür die Wahrnehmungen Heßelschwerdts, (Vernehmung vom 18. Mai Ziff. 14) das geringste Geräusch erschrecke Seine Majestät. Bei den Spaziergängen (bei Tag und bei Nacht) äußerten Allerhöchstdieselben oft, Sie hätten etwas gehört, Tritte, Worte und dann zu ihm, der nichts gehört habe, gesagt, Du hörst eben nicht gut, Heßelschwerdt. Nie hätten Sich freilich Seine Majestät darüber geäußert, *welche* Worte gehört worden seien. Auch in den Wohnräumen (dies wird auch vom Kammerdiener Welker bestätigt) hätten Seine Majestät nicht selten Geräusche wie von Tritten in den oberen Zimmern zu hören geglaubt und es hätte dann nachgesehen werden müssen, ob nicht Jemand da sei, was aber nie der Fall gewesen wäre. Wenn Seine Majestät *allein* im Zimmer sich befinden (Vernehmung Heßel-

schwerdts vom 3. Juni 1886 VI sowie Welkers) sprechen und lachen Allerhöchstdieselben oft laut, so daß man glauben könnte, es sei große muntere Gesellschaft in demselben versammelt.
Wenigstens als auf *Illusionen* beruhend, läßt sich das Verhalten Seiner Majestät deuten, von welchem Ministerialrath von Ziegler (Bogen 6 seiner Aufschreibungen) berichtet: »Nicht einmal, sondern oft und oft argwöhnten Seine Majestät, ich hätte Allerhöchstdieselben beim Vortrage mit einem unziemlichen, besonderen Blick angesehen. Gleich nach dem Vortrag erhielt ich den Befehl, mich deßhalb zu rechtfertigen und ich habe auf diese Rechtfertigungen unsäglich Zeit verwenden müßen.« Herr von Ziegler glaubt diesen »Argwohn« auf das Gefühl Seiner Majestät, einen absonderlichen Eindruck zu machen und auf das Bewußtsein einer anomalen Eigenthümlichkeit zurückführen zu müssen, was höchst wahrscheinlich zutreffend ist und mit dem Wesen der Illusion in Uebereinstimmung sich befindet. Wohl nur als Ausschweifungen der Phantasie, allerdings höchst ungewöhnlichen, die Grenzen der Norm weit übersteigenden Grades, dürfte dagegen aufzufassen sein, was Stallmeister Hornig (vergl. seine Darlegungen Blatt 4) berichtet, Seine Majestät, bei einigen Graden Kälte und bei Schneegestöber im Freien essend, hätten sich ans

Meergestade versetzt und von heißen Sonnenstrahlen beschienen geglaubt; auch das, was sich auf Blatt 15 vorfindet, allerdings auch einen Blick in die Tiefe eines Abgrundes werfen läßt, bei dem man schaudern müßte, wenn nicht das tiefste Mitleid mit dem Allerhöchsten *Kranken* wenigstens mildernd dazwischen träte: »Jetzt habe ich in Gedanken – Worte Seiner Majestät – der Königin eine große Wasserflasche am Kopf zerschlagen, habe sie an den Zöpfen auf der Erde herumgeschleift, ihr die Brüste mit den Absätzen zerstampft« (vergl. auch ähnliche Mittheilungen des Herrn Ministerialrathes von Ziegler Bogen 14) oder: »jetzt war ich in Gedanken in der Gruft der Theatinerkirche, habe den König Max aus dem Sarge herausgerissen und seinen Kopf beohrfeigt.« – In das Gebiet überwuchernder und die Schranken der Wirklichkeit und Möglichkeit ganz außer Acht lassender Phantasie würde denn auch, wie so vieles Andere, was an anderen Orten zur Besprechung kommen wird, der geäußerte lebhafte Wunsch Seiner Majestät zu verweisen sein (Hornig 4) in einem von Pfauen gezogenen Wagen durch die Luft zu fliegen, der dem Maschinenmeister Brand ertheilte Allerhöchste Auftrag, eine Flugmaschine zu Fahrten über den Alpsee bei Hohenschwangau anzufertigen, die Imitation der blauen Grotte auf Capri, um deren Blau zu studieren Stallmeister Hornig zweimal nach Capri geschickt wurde, der Mond im Schlafzimmer Seiner Majestät (vergl. von Ziegler Bogen 3) und dann wird dieser Abschnitt nur noch mit dem kurzen Hinweis auf die gelegentlichen Liebes-, Freundschafts- und Dankbarkeitsversicherungen Seiner Majestät, die schon der Form nach überschwänglich (vergl. die an Herrn Oberregierungsrath v. Müller und Herrn Ministerialraht von Ziegler gerichteten Briefe Seiner Majestät) ihren wesentlich phantastischen Ursprung durch ihre kurze Dauer und ihren jähen unmotivirten Abbruch kennzeichnen, seinen Abschluß finden können.

Nachträglich übrigens kommt noch eine Mittheilung des Kammerlakaien Mayr zu den Akten, die kaum darüber Zweifel läßt, daß Seine Majestät wirklich an Hallucinationen leiden. »Alles ertrage ich zwar, aber das ist zum Verzweifeln, wenn der König sich etwas einbildet und sich davon absolut nicht abbringen läßt, wenn er z. B. so anfängt, Thue das Messer (oder irgend einen anderen Gegenstand) weg, und wenn ich sage, Majestät, es ist keines da, so examinirt er stundenlang ununterbrochen fort, ›Es soll aber eins da sein, wo wäre es denn hingekommen, Du hast es weggethan, wo hast du es hingethan, warum hast du es weggethan, gleich legst Du es wieder hin‹«. (Vergl.

Schreiben des k. Rathes Klug.) Das sei, fügt Mayr hinzu, zum wahnsinnig werden.
Unverständlich bleiben zunächst die Vorkommnisse, wie folgende: Einen Baum zwischen Berg und Ammerland nennen Seine Majestät den »heiligen Baum«, Heßelschwerdt weiß nicht, weßhalb – so oft Allerhöchstdieselben an diesem Baum vorübergehen, fahren oder reiten, verbeugen Sie Sich tief davor. Ebenso wird ein Zaun bei Ammerland bei jedesmaligem Vorüber-Fahren, -Gehen oder -Reiten von Seiner Majestät gewissermaßen segnend begrüßt. Eine Säule am Eingange in Linderhof umarmen Seine Majestät der König, so oft Allerhöchstdieselben das Schloß auf längere Zeit verlassen; dasselbe geschieht bei der Rückkehr. Bei nur vorübergehendem Verlassen des Schlosses wird die Säule nur berührt. (Vernehmung Heßelschwerdts vom 3. Juni 1886 V. und Hornig Blatt 5) Aufschluß darüber könnten nur Seine Majestät Allerhöchst-Selbst geben. Wahrscheinlich liegen auch ihnen krankhafte Störungen der Sinnes- oder Denkthätigkeit zu Grunde.
Ueber die *motorischen* Erregungen Seiner Majestät liegen folgende Aeußerungen vor. Seine Majestät seien nicht selten aufgeregt, machten sonderbare tanzende und hüpfende Bewegungen, führen stoßend und ziehend mit den Händen in die Kopf- und

Barthaare, stellten Allerhöchst-Sich nicht selten vor den Spiegel, mit verschränkten Armen und das Gesicht verziehend. (Heßelschwerdt und Welker, Vernehmung vom 18. Mai 13.) Stundenlang dauernde Wuthausbrüche, die sich im Herumtoben im Zimmer, in einer tanzenden, wiegenden Bewegung, Schütteln der Hände in den Handgelenken äußerten, traten ein, auch ruhig sinnend auf einen Fleck sehend, konnten Seine Majestät stundenlang mit einer Haarlocke spielen oder das Haar mit einem Kamme in Unordnung bringen. (Hornig Blatt 4.) Nicht wiedergeben lassen sich die Imitationen dieser höchst ungewöhnlichen Bewegungen Seiner Majestät, die Marstallfourier Heßelschwerdt und Kammerdiener Welker, um sich verständlicher zu machen, vornahmen. Der Eindruck des Krankhaften derselben war für den mitunterzeichneten Obermedizinalrath v. Gudden ein sofort durchschlagender.

Von der *Gereiztheit* Seiner Majestät, Allerhöchstdessen *Zornes*- und *Wuth*ausbrüchen war vorübergehend bereits wiederholt die Rede. Auf die an der Dienerschaft ausgeübten Gewaltthätigkeiten kommen die Unterzeichneten später zurück. – Auf normale Gemüthszustände und deren Aeußerungen trifft man nirgendwo in den Akten. Sie scheinen ganz und gar zu Grunde gegangen zu sein und Haß und unnatürlicher Abscheu an ihre Stelle getreten zu sein. Es mag hier an die geradezu erschütternden Aeußerungen über Ihre Majestät die Königin Mutter, über Seine Majestät den König Max II. erinnert werden. Hieher gehört auch eine Mittheilung des Herrn Ministerialrathes von Ziegler über eine Aeußerung Seiner Majestät, die die unterzeichneten Ärzte Anstand nehmen, wiederzugeben. (v. Ziegler Bog. 15.) Seiner Majestät des Kaisers Büste in Hohenschwangau wurde von Seiner Majestät im Vorbeigehen angespuckt. (Hornig Blatt 6.) Der Marstallfourier Heßelschwerdt (vergl. auch dessen Vernehmung vom 3. Juni I) erhielt den Befehl, in Italien eine Bande zu werben, mit derselben den deutschen Kronprinzen gelegentlich seines Aufenthaltes in Mentone gefangen zu nehmen und ihn in einer Höhle bei Wasser und Brod in Ketten verwahrt zu halten. Im Geiste malten Seine Majestät Allerhöchst-Sich die dem Kronprinzen zugedachten Martern weitgehendst aus, weßhalb auch eigens der Befehl erging, ja dessen Leben zu schonen, damit seinem Leiden nicht ein zu schnelles Ziel gesetzt werde. Hunger und Durst sollte er leiden und sein Inneres von Sehnsucht nach den Seinen zerrissen werden. Die Siegesnachrichten im Feldzuge 1870–71 wurden von Seiner Majestät mit Trauer begrüßt, das »arme Frankreich« lebhaft bedauert, – Versailles durch den

Einzug der Deutschen für entehrt erklärt. Oft mußte Ministerialrath von Ziegler hören, (v. Ziegler Bogen 5) wie schön es wäre, wenn man das verfluchte Nest (die eigene Haupt- und Residenzstadt!) an allen Ecken anzünden könnte und Stallmeister Hornig führt als einen öfter von Seiner Majestät ausgesprochenen Wunsch an (Hornig Blatt 7), daß das ganze bayerische Volk nur einen Kopf habe, um es auf einen Streich hinrichten lassen zu können. Den früheren Kriegsminister Excellenz von Maillinger, der die Ernennung des Flügeladjutanten Seiner Majestät Grafen von Dürkheim zum Hauptmann zu vollziehen Anstand nahm, in's Burgverließ einzusperren, erhielt Marstallfourier Heßelschwerdt den Allerhöchsten Befehl. (Vernehmung vom 18. Mai 8.) Auch Herr von Ziegler, der früher hoch in Gnaden, wegen einer Meldung, die eine Kleinigkeit betraf, den Allerhöchsten Zorn auf sich geladen hatte, sollte eingesperrt werden. (v. Ziegler Bog. 2.5) Noch eine große Anzahl anderer Persönlichkeiten, selbst Königliche Prinzen sollten eingesperrt werden. Um nicht selbst in Strafe zu verfallen, meldeten die Diener, die Allerhöchsten Befehle seien vollzogen. Die Beschreibung des auf Befehl Seiner Majestät eingerichteten Burgverließes in Hohenschwangau findet sich in der Vernehmung Heßelschwerdts vom 18. Mai unter Ziff. 6. Im Jahre

1884 erhielt Heßelschwerdt von Seiner Majestät den Auftrag, Seine Excellenz Herrn Finanzminister von Riedel aufzugreifen und nach Amerika zu transportieren, dann auf die Vorstellung hin, daß dieses nicht ausgeführt werden könne, ihn einzusperren, und als auch dieses für unmöglich erklärt werden mußte, ihm nächtlicherweile aufzulauern und ihn durchzuprügeln. Der frühere Flügeladjutant Baron Hertling, der es sich nicht gefallen ließ, Allerhöchste Befehle durch Dienstbriefe von Lakaien zu empfangen und um seine Enthebung einkam, sollte sogar umgebracht werden, (Vernehmung Heßelschwerdts vom 3. Juni Seite 4) ebenso Herr Ministerialrath von Ziegler (siehe dessen Mittheilungen Bogen 17). Noch in neuester Zeit wurde von Seiner Majestät befohlen, zwei Diener, den Kammerdiener Welker und den Vorreiter Bieller, die sich die Allerhöchste Unzufriedenheit zugezogen hatten, der eine, weil er ein beabsichtigtes Anlehen von nur 25 Millionen Mark nicht zu Stande gebracht hatte, der andere, weil er einen aus der Volière entkommenen Vogel nicht gleich einfangen konnte, nach Amerika zu transportieren und dort ständig überwachen zu lassen, damit sie nichts weiter sagen könnten. Vorreiter Bieller wurde bei dieser Veranlassung von Seiner Majestät am Halse gedrosselt. Stundenlang besinne Sich öfters Seine

Majestät, Strafen ausfindig zu machen, mit denen Allerhöchstdieselben diejenigen belegen wollten, die sich in irgend einer Weise ob wirklich oder auch nur vermeintlich gegen Seine Majestät vergangen hätten. Kammerlakai Mayr wurde vor ungefähr 4 Jahren damit gestraft, daß er ein Jahr lang nur mit einer schwarzen Maske das Gesicht verdeckt, vor Seiner Majestät erscheinen durfte (vergl. auch v. Ziegler 18). Kammerlakai Sauer sollte in einem von Seiner Majestät besonders vorgeschriebenen auffallenden Kostüme auf einen Esel gesetzt und in der Umgebung von Hohenschwangau auf den Landstraßen herumgeführt werden. (Vernehmung Heßelschwerdts und Welkers vom 3. Juni Blatt 1.) Kammerlakai Buchner, über dessen Dummheit sich Seine Majestät ärgerten, mußte »ein Siegellacksiegel an der Stirn tragen« zum Zeichen, daß sein Gehirn versiegelt sei. (v. Ziegler Bogen 19.) Nach dem Bericht des k. Gesammtministeriums vom 5. Mai d.J. erhielt Heßelschwerdt den Auftrag, eine geeignete Strafe für die Herren Minister mit auszudenken. (Vernehmung vom 18. Mai Ziff. 8, 9, 10 u. 11 bestätigt durch die bezüglichen Aussagen Welkers.) Marker erhielt von Seiner Majestät den Befehl, eventuell Leute zu nehmen und Herrenwörth in die Luft zu sprengen. (Vernehmung Welkers S. 14.) Marstallfourier Heßelschwerdt sowohl wie Kammerdiener

Welker und Stallmeister Hornig bezeichneten es als einen besonderen Charakterzug Seiner Majestät, plötzlich und unmotivirt für Jemand Zuneigung zu fassen, um dieselbe oft nach kurzer Zeit in das gerade Gegentheil übergehen zu lassen. Diese Eigenthümlichkeit dürfte jedem Sachverständigen als ein Krankheitssymptom imponieren. Die Abneigung artete dann nicht selten in glühenden Haß aus, so daß z. B. Seine Majestät in Wuth geriethen, wenn nur der Name der in Ungnade gefallenen Person genannt wurde und den Befehl erließen, daß falls bei Meldungen an Allerhöchstdieselben diese erwähnt werden mußte, nur der Anfangsbuchstabe des Namens ausgesprochen oder geschrieben werden durfte. (Vernehmung Heßelschwerdts und Welkers vom 7. Juni Seite 11 u. 21.) Stallmeister Hornig (Blatt 5) erinnert an den ehemaligen Flügeladjutanten Herrn von Sauer, Baron von Hertling, Hirschberg, Grafen von Dürkheim, Herrn Staatsrath von Eisenhart, Herrn Ministerialrath von Ziegler u.s.w.

Bekannt ist die Vorliebe Seiner Majestät für die französischen Könige Ludwig XIV., XV. und XVI., ihr absolutes Regiment, ihre Bauten u.s.w. (vergl. die Mittheilungen des Herrn von Ziegler und des Herrn Stallmeisters Hornig). Ein ehemaliger Secondelieutenant der bayerischen Armee wurde mit dem Befehle be-

traut, eine »Coalition« zu gründen, d. h. eine Schaar Männer zu werben, mit deren Beihilfe es gelingen sollte, in Bayern das absolute Regierungssystem wieder herzustellen; die Verfassung sollte aufgehoben, die Landesvertretung abgeschafft werden. (Hornig Blatt 2.) Etwas anders freilich stellt sich diese Coalitionsidee in den Berichten des Herrn Oberregierungsrathes von Müller dar, der zum Chef der Coalition von Seiner Majestät ausersehen war, aber den Intentionen Seiner Majestät nicht entsprach.
Seine Majestät dachten daran (Hornig Blatt 3) gegen Vergütung einer hohen Summe das Land an Seine Königliche Hoheit den Prinzen Luitpold abzutreten oder an Preußen zu verkaufen. Geheimrath von Löher wurde mit dem Auftrag betraut, sich nach einem anderen Königreiche umzusehen, in dem ein absolutes Regierungssystem möglich wäre, machte auf Kosten der Kabinetskasse weitläufige Seereisen, berichtete aber, daß der Auftrag unmöglich auszuführen sei. (vgl. auch v. Ziegler Bogen 10.) Stallmeister Hornig (Blatt 2) berichtet, daß Seine Majestät Sich geheim in Costüme der französischen Könige kleidete. Mit Krone und Scepter, welche kostbaren Gegenstände der Schatzkamer entnommen werden mußten, wurden nächtliche Spazierfahrten unternommen, auch der Gedanke, ein zweites Versailles im Graswangthale zu

bauen, brach sich Bahn. Herr Ministerialrath von Ziegler erwähnt, (Bogen 2) daß Seine Majestät vor einer Büste der Königin Marie Antoinette, welche auf der Terrasse des Linderhofes steht, stets das Haupt entblößte und deren Wangen streichelte, und der Marstallfourier Heßelschwerdt gibt an, daß im Linderhofe ein Bild sich befände, (Welker meint, es behandle einen Stoff aus der Zeit Ludwig XIV.) vor welchem Seine Majestät niederzuknien pflege, vor welchem auch Heßelschwerdt, die Hand wie zum Schwure gegen dasselbe erhebend, niederknien mußte, ohne dasselbe jedoch ansehen zu dürfen; (Vernehmung vom 3. Juni S. 13) auch Welker (Seite 20) erzählte von dem Bildercultus Seiner Majestät und beschreibt insbesondere, wie der König vor einem Bilde, das eine Episode aus dem Leben der Königin Marie Antoinette darstellt, Zeichen der Verehrung mache, dann mit erhobenem gläsernen Blicke zuerst langsam, dann rascher rückwärts schreitend, von dem Bilde sich entferne und schließlich wie im schmerzlichen Abschiede sich von demselben abwende. –

Seit der Entlassung des Herrn Ministerialrathes von Ziegler, damaligen Kabinetssekretärs, des letzten Mannes von Bildung, (conf. v. Ziegler 20) mit welchem Seine Majestät einen fortlaufenden Verkehr pflog und persönlich Dinge von ernstlicher Bedeutung behandelte, hörte der persönliche Vortrag in Staatssachen auf. Es ist unglaublich, wie diese behandelt worden. Doch dürfte es angezeigt sein, vorher noch einen kurzen Bericht über den persönlichen Verkehr Seiner Majestät mit der Dienerschaft einzuschalten.

Die Meldungen erfolgen und die Allerhöchsten Befehle werden in der Regel erteilt durch die verschlossene Thüre hindurch. Durch Kratzen an derselben wird das Zeichen gegeben, daß Seine Majestät verstanden sei. Dienerschaft, die hineintreten darf oder muß, hat tiefgebückt zu erscheinen, darf Seine Majestät nicht ansehen, kein Wort sprechen, muß durch Zeichen sich verständlich machen und gelingt dieses nicht, die Bewegungen des Schreibens nachahmen, worauf das Bezügliche im Vorzimmer geschrieben und dann Seiner Majestät überreicht werden darf. Beim Serviren der Speisen hat die Dienerschaft ebenso zu erscheinen, darf nicht bloß Seine Majestät, sondern auch die Speisen nicht ansehen und hat sich ebenso zurückzuziehen. Auch beim Anziehen der Kleider darf der Diener Seine Majestät nicht ansehen. Ist Jemand vom Dienstpersonal (die Chevaulegers eingeschlossen) »in Strafe«, so muß er auch wohl niederknien, oder der Länge nach auf den Bauch sich legen. Letzteres sei eingeführt worden seit dem vorigen Jahre, nachdem Seine Majestät das Ceremoniell am chinesischen Hofe gelesen habe. Bei einer unangenehmen Meldung oder bei dem geringsten Verstoße (z. B. beim falschen Aussprechen französischer Namen) werde von Seiner Majestät häufig die Einsperrung in's Burgverließ oder eine andere Strafe anbefohlen, welcher Befehl dann auch angeblich, in Wirklichkeit aber nie vollzogen wird. Sehr häufig gehe aber Seine Majestät auch zu Gewaltthätigkeiten über, schlage und stoße die Dienerschaft mitunter sogar blutig. Mindestens gegen 30 Personen seien so mißhandelt worden. Nachdem die gewöhnlichen Lakaien und auch die Leute vom Hofstalle sich durch Vorschützung von Krankheiten der verschiedensten Art dem persönlichen Dienste bei Seiner Majestät zum größten Theile entzogen hatten (seit einem Jahre), wurden Chevaulegers zu denselben befohlen. Großer Wechsel fände auch unter diesen statt. (Vergl. die beiden Vernehmungen Heßelschwerdts und Welkers.) Die Mißhandlungen des Dienstpersonals bestätigt auch Herr Ministerialrath von Ziegler (vergl. dessen Mittheilungen Bogen 18 u. 19). Kammerdiener Welker berichtet sogar, daß der Vorreiter Rothenanger, ein junger, schmächtiger und kleiner Mensch, einmal wegen eines geringfügigen Vergehens von Seiner Majestät geschlagen, gestoßen und mit solcher Wucht an die Wand geworfen wurde, daß die im Vorzimmer befindlichen Leibjäger in der Besorgniß, der junge Mann werde totgeschlagen, nahe daran waren, in das Zimmer zu dringen, um Rothenanger zu Hilfe zu kommen. Es sei die Vermuthung nicht ausgeschlossen, daß der nach Jahresfrist erfolgte Tod Rothenangers in ursächlichem Zusammenhange steht mit den Mißhandlungen, welche derselbe zu erdulden hatte. Ein Chevauleger, von Beruf ein Metzger, dem Seine Majestät einen heftigen Schlag in's Gesicht versetzte, äußerte dem Dienstpersonale gegenüber: »einem Anderen hätte ich die Gedärme herausgelassen.« Der Grund, weßhalb die Dienerschaft Seine Majestät nicht ansehen darf, ist wahrscheinlich derselbe, aus dem Allerhöchstdieselben den strengen Befehl ertheilten, den Unterthanen die k. Schlößer, die Galawagen und Schlitten nie zu zeigen, da durch deren Blicke eine Entweihung stattfinden würde. (Hornig 7.)

Die Staatsangelegenheiten bezeichneten Seine Majestät mit dem Ausdruck »Staatsfadesen« und äußerten Sich, wenn der Einlauf aus dem Kabinet vorgelegt wurde, wiederholt dahin: »Allerhöchstdieselben möchten das Pack immer lieber wieder hinauswerfen.« Der Einlauf, welcher gesiegelt aus dem Kabinet zu Seiner Majestät kam, lag von Allerhöchstdenselben geöffnet, längere Zeit, oft Tage lang, obwohl die wichtigsten Staatsangelegenheiten sich darunter befanden, offen vor den Augen der Dienerschaft und in neuerer Zeit auch vor den zur Dienstleistung befohlenen Chevaulegers. Alle Angelegenheiten, die eine Rückfrage erforderlich machten, ferner insbesondere auch die Anträge der Minister, die weit principieller oder wichtigerer Natur, nicht wie die gewöhnlichen Currentsachen, schon mit den zu erlassenden der Allerhöchsten Unterschrift harrenden Signaten versehen waren, wurden mit mündlichen oder auf Zettel geschriebenen Weisungen Seiner Majestät durch die *Kammerbediensteten* an die jeweiligen Kabinetssekretäre zurückgeschickt, nachdem diese Bediensteten die Allerhöchsten Aufträge in Briefform gebracht hatten. (Vernehmung Heßelschwerdts und Welkers vom 3. Juni Seite 12, 22 und 23.) Die wichtigsten Aufträge Seiner Majestät gingen durch die Dienerschaft. Einen wahrhaft erschreckenden Beweis hiefür liefern die in dem Fascikel »Briefe des Lakaien Mayr aus der jüngsten Zeit« sich vorfindenden Schriftstücke, zum Theil von der Hand Seiner Majestät selbst geschrieben oder corrigirt. *Heßelschwerdt* wurde auch der *Bericht des königl. Gesamtministeriums* vom 5. Mai 1886 zur Begutachtung zugeschickt, ihm auch die Verhandlungen zur Bildung eines neuen Ministeriums mit Herrn von Ziegler und dem Friseur Hoppe die zur Gewinnung eines neuen Cabinetssekretärs (conf. Aeußerung des Geheimsekretärs Thelemann) übertragen!!

Schon Herr Ministerialrath von Ziegler berichtet (Bogen 18 seiner Vernehmung): Von der Berücksichtigung der Autorität der höchsten Beamten, der obersten Hofchargen und der Minister, war keine Rede mehr. Sie wurden beim Vortrage mit den verächtlichsten Worten erwähnt, leider nicht nur beim Vortrage – auch der Dienerschaft und dem Friseur Müller und dem Zahnarzte gegenüber; selbst Fürsten wurden nicht geschont. Die Dienerschaft wußte aus dem Munde Seiner Majestät, daß der Obersthofmarschall oder der Obersthofmeister »sich nicht unterstehen dürfen« einmal den Hofhalt in Berg oder Hohenschwangau zu inspizieren. Für Seine Majestät (vergl. das citirte Faszikel) sind die k. Staatsminister Pack, Gesindel, Geschmeiß, auch wird mit den Kammern nicht glimpflich verfahren und das Volk verdient gar nicht, daß Sich Seine Majestät ihm zeige. –

Es widerstrebt den unterzeichneten Ärzten, größere Auszüge und Zusammenstellungen in dieser Richtung anzufertigen und wird es wohl genügen, eine einzige Stelle aus einem auf Allerhöchsten Befehl geschriebenen Briefe des Lakaien Mayr anzuführen:

»Dem Heßelschwerdt schreiben: er hat wieder etwas ganz falsches und verkehrtes geschrieben, indem er sich herausnahm zu schreiben, daß jenes Ministerpack in die Nothwendigkeit versetzt war, jene Meldung (Bericht vom 5. Mai!) zu unterbreiten. Ich habe jene Meldung verworfen, denn jenem Pack *kam es gar nicht zu,* sich in Sachen zu mischen, die es nicht im geringsten angehen und für die es *gar nicht da* ist. Ihm dies also austreiben« – und dieser die Abschrift eines auch noch in anderer Beziehung wichtigen, Allerhöchsteigenhändig mit Bleistift offenbar in großer Hast geschriebenen Briefes Seiner Majestät an Heßelschwerdt folgen zu lassen:

»Passe recht auf und besorge es gut. Sprich eingehend mit Ziegler. Sage ihm, daß die jetzigen Minister weg müßen, sie haben sich bei mir unmöglich gemacht. Er wird es also wenn er alles besorgt, wie Ich will. Die Collegen soll er mir dann selbst vorschlagen. – Schneider gleich fort und durch einen tüchtigen ersetzen. Sind die Kammern verstockt, dann auflösen, andere her und das Volk sehr bearbeiten. Schnell aber. – Sage ihm, außer den Rückständen, (ohne daß die Kammern wissen, wofür, können glauben, es gehöre zu den Rückständen) ein paar Millionen dazu, die anderen schaffe Du herbei. Sage ihm, daß die Bauten die *Hauptlebensfreude* sind, daß ich, seit alles schändlich stockt, ganz *unglücklich* bin, an Abdanken, Selbsttödtung stets denke, daß der Zustand aufhören *muß*, daß die Bauten nicht mehr stocken dürfen, daß wenn er alles richtet, er Mir buchstäblich das Leben wieder gibt. Führ ihm dieß *sehr* und *vor Allem dieß* zu Gemüthe. Es geht nach sofortiger Deckung (nicht Vorschießen, das ist unwürdig mir gegenüber) dann ist die Civilliste wieder ganz in meinem Besitz (eigenem). Dazu sind leicht einzureihen rasch vorwärts mit dem Schlafzimmer im Linderhof, St. Hubertus-Pavillon und mit dem Ausbau der Burg von Herrenwörth und Falkenstein. Mein Lebensglück hängt davon ab. Dies sieht Herr von Ziegler *bestimmt* ein. Er soll es erschinden, durchreißen, alle Schwierigkeiten besiegen und Hindernisse niederreißen und baldigst ist die Hauptsache. Daß Du *noch* nicht wohl bist, ist zu arg, nimm noch einen Arzt. Erhole Dich. Berg, den 11. Mai 1886. Ludwig.«

Eines Commentars bedarf die ganze gegenwärtige Stellung Seiner Majestät gegenüber dem Lande nicht. Die geistigen Kräfte Seiner Majestät sind bereits dermassen zerrüttet, daß alle und jede Einsicht fehlt, das Denken mit der Wirklichkeit im vollen Widerspruche sich befindet, das Handeln ein unfreies ist und Allerhöchstdieselben im Wahne absoluter Machtfülle vereinsamt durch eigene Isolierung – wie ein Blinder

ohne Führer am Rande des Abgrundes stehen.
Das Bauen sei die einzige Lebensfreude Seiner Majestät, aber die Bauten gerade waren der Ruin der Königlichen Finanzen und der Grund der Beschleunigung des Hereinbruches der Katastrophe. Alle Vorstellungen, alle Bemühungen, sie wieder zu ordnen, sind umsonst gewesen. Seine Majestät *muß* bauen, und in einer Weise, die ebenfalls wieder den Verfall der geistigen Kräfte nur zu deutlich zu Tage treten läßt, werden Versuche gemacht, das Geld dazu, gehe es, wie es gehe, herbeizuschaffen. Heßelschwerdt wurde von Seiner Majestät zu dem nunmehr verstorbenen Fürsten Maximilian von Thurn und Taxis nach Regensburg zur Aufnahme eines Anlehens von 20 Millionen geschickt, sollte durch die Vermittlung Seiner Königlichen Hoheit des Herzogs Ludwig die Hilfe des Kaisers von Oesterreich in Anspruch nehmen. Auch zu Seiner Majestät dem König von Schweden und Norwegen nach Stockholm sollte sich Heßelschwerdt begeben und als dieser sich diesem Allerhöchsten Auftrag entzog, wurde ein Flügeladjutant Seiner Majestät, natürlich ohne Erfolg, dahin beordert. Ein Flügeladjutant erhielt durch Heßelschwerdt den Allerhöchsten Auftrag, in Brasilien ein Anlehen zu Stande zu bringen, andere Personen sollten nach Brüssel, nach Konstantinopel zum Sultan und nach

Teheran zum Schah. Sei durch Anlehen kein Geld aufzutreiben (es handelte sich schon um 25 Millionen), so sollte auf Allerhöchsten Befehl bei den Banken in Stuttgart, Frankfurt, Berlin und Paris eingebrochen und zu diesem Zwecke Leute geworben werden. (Vernehmungen von Heßelschwerdt und Welker.) Durch gleichzeitige Aufträge an mehrere, die sich gegenseitig nichts sagen durften, hoffte Seine Majestät sogar in den Besitz von 80 Millionen zu gelangen. (Aeußerung Hornigs Blatt 3.) Als kein Anleihen aufzutreiben war, auch auf Raub und Einbruch verzichtet werden mußte, sollte das Volk und dessen Vertretung die Lücke schließen und damit nur eine Unterthanenpflicht erfüllen, wodurch sie wieder die Allerhöchste Gunst sich zuwenden und Seine Majestät bewegen könnten, Allerhöchst ihnen nach und nach wieder näher zu treten. An ein Sichzeigen von Seite Seiner Majestät sei, wenn man sich nicht bessere, *selbstverständlich* gar nicht zu denken. Gute Unterthanen müßten es anders anfangen, wenn sie ihren König und Herrn glauben machen wollten, daß sie ihn lieben u.s.w. – Dabei gehen, als wenn die Mittel in ungemessener Fülle vorhanden wären, die Allerhöchsten Aufträge bis in die allerletzte Zeit unverändert fort. (Faszikel »Briefe« u.s.w.)

Das vorliegende Material ist geradezu erdrückend.

Es erübrigt nur noch, auf den körperlichen Zustand Seiner Majestät einen kurzen Blick zu werfen. Seit langer Zeit klagen Seine Majestät über Druck und Schmerz im Hinterkopfe, wenden Eisumschläge dagegen, selbst mitunter während des Essens an; Seine Majestät leiden ferner nicht selten an Schlaflosigkeit, nahmen früher ungefähr 6 Jahre lang 2–3mal wöchentlich Chloral, gebrauchen seit 4 Jahren andere Schlafmittel, deren Zusammensetzen die Berichterstatter nicht kennen. (vgl. die Vernehmungen von Heßelschwerdt und Welker vom 3. Juni 1886 Seite 15 u. 19, die Aussagen des Lakaien Mayr, die Mittheilungen des Herrn Oberregierungsrathes von Müller Seite 6.) Ueber die unordentliche, unappetitliche, ekelerregende Art des Speisens Seiner Majestät, um das hier noch einzuschieben, wie Allerhöchstderselbe dabei die Saucen und Gemüse herumspritze, seine Kleider damit beschmiere, berichtet Kammerlakai Mayr. Erschwert dürfte nach Herrn von Ziegler auch die Verdauung sein, da Seine Majestät keinen Zahn mehr im Munde habe, der zum Kauen tauglich sei. (Siehe Aufzeichnungen Bogen 16.) Die geschlechtlichen Beziehungen berührt Herr Ministerialrath von Ziegler in seinen Aufzeichnungen Bogen 16.

Hiemit schließen die unterzeichneten Ärzte ihre Schilderung und verweisend auf die im Texte schon an verschiedenen Stellen gezogenen Schlußfolgerungen erklären sie nun, dieselben zusammenfassend und ergänzend *einstimmig*:

1. Seine Majestät sind in sehr weit vorgeschrittenem Grade seelengestört und zwar leiden Allerhöchstdieselben an jener Form von Geisteskrankheit, die den Irrenärzten aus Erfahrung wohl bekannt mit dem Namen Paranoia – (Verrücktheit) bezeichnet wird;
2. Bei dieser Form der Krankheit, ihrer allmähligen und fortschreitenden Entwicklung und schon sehr langen, über eine größere Reihe von Jahren sich erstreckenden Dauer ist Seine Majestät für unheilbar zu erklären und ein noch weiterer Verfall der geistigen Kräfte mit Sicherheit in Aussicht;
3. Durch die Krankheit ist die freie Willensbestimmung Seiner Majestät vollständig ausgeschlossen, sind Allerhöchstdieselben als verhindert an der Ausübung der Regierung zu betrachten und wird diese Verhinderung nicht nur länger als ein Jahr, sondern für die ganze Lebenszeit andauern.

München, den 8. Juni 1886.
von Gudden, k. Obermedizinalrath.
Dr. Hagen, k. Hofrath.
Dr. Grashey, k. Universitätsprofessor.
Dr. Hubrich, k. Direktor.

Sektionsbefund
der Leiche des Königs
von Obermedizinalrat
Dr. von Kerschensteiner

Kreuz am Starnberger See an der Stelle, wo König Ludwig II. ertrank.

Über den Zusammenhang des Sektionsbefunds der Leiche Seiner Majestät König Ludwigs II. von Bayern mit den während des Lebens beobachteten Krankheitserscheinungen.

Die Frage, welche Deutung läßt der Sektionsbefund, im Besonderen des Gehirns und seiner Umhüllungen, im Zusammenhange mit den am Leben beobachteten Krankheitserscheinungen zu, drängt sich zunächst in den Vordergrund. Und hierbei denkt man zuvörderst daran, ob nicht dem Krankheitsbilde der Verrücktheit eine ganz bestimmte, bei anderen geistigen oder körperlichen Krankheiten nicht vorkommende pathologische Beschaffenheit des centralen Nervensystems entspreche. Das ist nun bei der Verrücktheit nicht der Fall, ebensowenig wie bei den meisten Geistesstörungen, bei welchen ja häufig in der Leiche keine positiven pathologisch anatomischen Veränderungen nachgewiesen werden können, selbst wenn die Krankheitserscheinungen am Leben noch so bedeutend, ja ganz schrecklich waren.

Wenn nun im Allgemeinen bei Geisteskranken die

Krankheitserscheinungen mit dem Sektionsbefunde am Gehirn sich nicht nothwendigerweise decken müssen, so ist doch in jedem einzelnen Falle die Erwägung nicht nur berechtigt, sondern wissenschaftlich sowohl als für die Zwecke der Heilkunde nothwendig, ob an der Hand menschlichen Wissens und ärztlicher Erfahrung nicht doch ein ursächlicher Zusammenhang zwischen Befund im Leben und Befund an der Leiche als gewiß oder wahrscheinlich anzunehmen sei.

Diese Frage kann nach dem dermaligen Standpunkte der ärztlichen Kenntnisse zweifelsohne bejahend beantwortet werden.

Tritt man nun an die Deutung des Sektionsbefundes bei der Leiche Seiner Majestät des Königs Ludwig II. ohne Voreingenommenheit, wie dieß der ehrerbietigst gehorsamst Unterzeichnete, als an allen Antecedentien unbetheiligt, von sich sagen darf, heran, so fällt schon die Mannigfaltigkeit der verschiedenen krankhaften Veränderungen am Schädel und dessen Inhalt in die Augen, ein Eindruck, der allen bei der Eröffnung der Schädelhöhle Anwesenden im Gedächtniß bleiben wird. Diese krankhaften Veränderungen müssen zum Verständniß des Ganzen in zwei Gruppen gesondert werden:

I. Die angebornen, schon innerhalb des embryonalen Lebens zur Ausbildung gekommenen Schädel- und Hirn-Anomalien. Hiezu müssen gerechnet werden:

1. die Kleinheit des Schädels gegenüber den kolossalen Dimensionen der beiden anderen Körperhöhlen und der ganz auffallenden Körpergröße (103 cm Brustumfang, 120 cm Bauchumfang, 191 cm Körpergröße),

2. die ungleiche Größe der beiden Schädelhälften, ausgedrückt durch die ungleichen schiefen Durchmesser des Schädels (conf. Protokoll), hiedurch erzeugte Asymmetrie des Schädels, besonders am Schädelgrund erkennbar, dem entsprechend die Lage des Gehirns,

3. die außerordentliche Dünnheit und Leichtigkeit der Schädeldecke,

4. die Porosität der Knochen des Schädelgrundes, die papierdünne Beschaffenheit der Knochen am Boden der vorderen Schädelgrube und des Türkensattels,

5. die theils spitzeren, theils flacheren Knochenerhebungen ungewöhnlicher Art,

6. das Hirngewicht von 1349 gr bei einer Körpergröße von 191 cm und einem jedenfalls sehr hohen Körpergewicht.

Nach Bischoff – das Hirngewicht des Menschen, Bonn 1880, Seite 39 – betrug bei einem Manne von gleichfalls 191 cm Körperlänge das Gewicht des Gehirns 1502 gr, das Durchschnittsgewicht bei einer Körperlänge von 180–191 cm 1385 gr, also 36 gr unter dem Durchschnittsgewicht.

Die ebengenannten angebornen Veränderungen, richtiger gesagt, Abweichungen vom normalen Zustande müssen aufgefaßt werden als angeborne *Disposition* zu psychischen Störungen. Auf dem Boden dieser Disposition konnten die weiteren, nunmehr zu bezeichnenden krankhaften Zustände sich leichter ausbilden als in einem ganz normalen Schädel.

II. Zu diesen angebornen Bildungen und durch ihr Vorhandensein gefördert, traten nun eine Reihe von erworbenen krankhaften Zustände des Gehirns und seiner Umhüllungen.

Die während des Lebens aufgetretenen, sei es durch gleichmäßig fortschleichende, sie es durch stoßweise erfolgende Reize sich allmählig ausbildenden entzündlichen Zustände der harten Hirnhaut, soweit diese das Stirnhirn und den Vordertheil des Schläfenhirns bedeckt, bilden einen wichtigen Bestandtheil der Behelfe zur Erklärung der Krankheitserscheinungen.

Die Folge der zunehmenden Verdickung der harten Hirnhaut und der Verwachsungen derselben zeigte sich zunächst durch Steigerung der Reizungserscheinungen, der Erregbarkeit des gesammten Nervensystems, und wenn man die sichtbaren Krankheitsanfänge, wozu die jetzt bekannt gewordenen Erhebungen biographischer Art Anhaltspunkte bieten, in die Mitte der sechziger Jahre verlegt, so fehlt es nicht an Thatsachen, die in so gesteigerter Erregung ihre Erklärung zu finden vermögen.

Diese entzündliche Entartung der harten Hirnhaut machte ihre Wirkung durch allmählig zunehmenden *Druck* auf die darunter liegende Hirnpartie mit Konsequenz geltend. *Dieser Punkt ist in der Entwicklung der Krankheit sehr wichtig.* Denn von nun an beginnt der Zeitraum, in welchem neben den Zeichen der Erregung, des unmäßig gehobenen Machtbewußtseins bereits Zeichen der psychischen Schwäche, der intellektuellen und sittlichen Defekte in unverkennbarer Weise hervortreten. Dieß ist anatomisch und physiologisch folgendermaßen zu erklären:

Unter dem wechselnden, aber doch in stetiger Zunahme begriffenen Druck der verdickten, unter sich verwachsenen Hirnhärte wurden einige für das Seelenleben erfahrungsgemäß bedeutungsvolle Windungen des Stirn- und Schläfenhirns zu beginnendem *Schwunde* gebracht.

Die Menge, das Volumen der betroffenen Hirnwindungen mußte abnehmen und damit das Substrat einer Reihe psychischer Verrichtungen, denn die Halbkugeln des Großhirns sind der Sitz aller psychischen Thätigkeiten. Nur bei Unversehrtheit derselben ist der Vorgang des Denkens, des Fühlens und des Wollens möglich.

Bei Seiner Majestät war diese Degeneration der betreffenden Hirntheile aus zwei Gründen besonders unheilvoll.

1. Der Hirnschwund betraf *beide* Hälften des Großhirns, mit anderen Worten: es fiel hiemit die Möglichkeit weg, daß eine entsprechende, gesund gebliebene Hirnpartie der einen Halbkugel für die erkrankte, in ihrer Verrichtung behinderte Hirnpartie der anderen Halbkugel den Dienst in stellvertretender Weise, wie das bei einseitiger Erkrankung eines Vorderhirns häufig zu geschehen pflegt, übernehmen hätte können.
Es war sohin die *Gleichzeitigkeit* und Beiderseitigkeit des Hirnschwundes von hervorragender Bedeutung bei der Wichtigkeit der erkrankten Windungen für die höheren Geistesthätigkeiten.

2. Die *graue Hirnrinde* war, wie das Sektionsprotokoll ausdrücklich anführt, von geringem Durchmesser, et-

was unter der normalen Dicke. Dieses anatomische Verhältnis war geeignet, die Folgen des Gehirnschwundes zu verschärfen, da in dem noch übrigenden Gebiete der Hirnrinde für den Entgang der mit dem Schwunde der Hirnwindungen hinfällig gewordenen geistigen Verrichtungen kein Ersatz geboten werden konnte. Inwieweit die Bewegungsstörungen, insbesondere die impulsiven triebartigen Bewegungen, der unwiderstehliche Hang zu mimischen Verzerrungen vor dem Spiegel mit der nachgewiesenen geringen Mächtigkeit der Empfindungs- und Bewegungscentren enthaltenden grauen Hirnrinde zusammenhing, kann nicht mit voller Sicherheit angegeben werden; wahrscheinlich aber ist, daß die angeführten Bewegungsstörungen mit derselben in Beziehung stehen.

Im Weiteren stimmt der Hirnbefund genau zu dem zeitlichen, über eine Reihe von beiläufig zwanzig Jahren sich ausdehnenden Verlauf der psychischen Erkrankung. Es war eine ohne erhebliche Unterbrechung fortlaufende Zunahme derselben zu beobachten, wobei immer ein Theil der psychischen Verrichtungen unbehelligt bleiben konnte, wodurch es kam, daß die geistige Erkrankung in ihrer ganzen Schwere erst spät zur Erkenntniß der Betheiligten gelangte; denn Seine Majestät konnten mit dem Reste von Einsicht, geistigem Vermögen und nicht zum Wenigsten durch Dissimulation die Umgebung täuschen, wie besonders das Verhalten in den beiden letzten Lebenstagen bewies, zu einer Zeit, in welcher die geistigen Thätigkeiten längst tief gesunken waren.

Es muß schließlich behufs richtiger Würdigung des Vorgetragenen noch einmal hervorgehoben werden, daß ein der Verrücktheit entsprechendes Bild anatomischer Gehirnveränderungen sowenig wie bei anderen Geisteskrankheiten besteht, daß also ein durchaus negativer Hirnbefund in der Leiche Seiner Majestät sich hätte konstatieren lassen können, ohne daß hiedurch die im Leben gestellte Diagnose zweifelhaft geworden wäre.
Es ist aber vom Standpunkte der medizinischen Wissenschaft aus in keiner Weise zu beanstanden, einen positiven Gehirnbefund zur Erklärung der im Leben beobachteten Krankheitserscheinungen beizuziehen, und es kann deßhalb in jeder Weise gerechtfertigt werden, daß der ehrerbietigst gehorsamst Unterzeichnete seine gutachtliche Aeußerung dahin abgibt:
»Das Ergebnis der anatomischen Untersuchung des Schädels und des Schädelinhaltes Seiner Majestät des Königs Ludwig II. von Bayern dient zur Aufklä-

rung der bei Seiner Majestät während des Lebens beobachteten Krankheitserscheinungen.«
München, den 20. Juni 1886.

Ehrerbietigst gehorsamst
Dr. *von Kerschensteiner*

König Ludwig II. von Bayern im Ornat des Georgi-Ritterordens, in der Rechten das historische Georgi-Ritterschwert, Radierung nach einem Gemälde von Gabriel Schachinger (1850-1912), das erst 1887, also nach dem Tode des Königs, vollendet wurde.

Biographie

in Stichworten

1845:	25. 8.	Ludwig in Schloß Nymphenburg geboren.
1848:	20. 3.	Abdankung König Ludwigs I. Sein Sohn Max II. Joseph folgt ihm auf den Thron, der knapp 3jährige Ludwig wird Kronprinz.
	27. 4.	Ludwigs Bruder Otto wird geboren.
1861:	1. 2.	Erste Begegnung mit dem Werk Richard Wagners bei der Aufführung des »Lohengrin«; am 22.12. hört Ludwig den »Tannhäuser«.
1863:	16./17.8.	Erste und einzige persönliche Begegnung Ludwigs mit Otto von Bismarck in Nymphenburg.
	25. 8.	Ludwig wird für mündig erklärt; Fest in Hohenschwangau.
	Oktober	Besuch der Universität in München; Ludwig hört Vorlesungen in Physik, Philosophie, Englisch und Französisch.

1864:	10. 3.	König Max II. stirbt nach kurzer Krankheit.
	11. 3.	Ludwig schwört den Eid auf die Verfassung.
	Mai	Richard Wagner wird nach München berufen.
	Oktober	Wagner bezieht ein Wohnhaus in der Briennerstraße.
1865:	10. 6.	Uraufführung von »Tristan und Isolde«.
	10.12.	Wegen Differenzen mit der bayrischen Regierung muß Wagner auf Wunsch des Königs München verlassen. Er geht nach Triebschen in die Schweiz.
1866:	Mai	König Ludwig besucht Wagner in Triebschen.
	Juni/Juli	Der Krieg Österreich/Bayern gegen Preußen, das ihn nach zwei Schlachten gewinnt.
	22. 8.	Friedensschluß.
	Nov./Dez.	Ludwig reist nach Franken, besucht Bayreuth, Würzburg und Nürnberg.

1867:	22. 1.	Verlobung mit Herzogin Sophie Charlotte in Bayern, einer entfernten Verwandten.
	7.10.	Die Verlobung wird durch Ludwig gelöst. Herzogin Sophie heiratet im Jahr darauf den Prinzen Ferdinand von Orleans.
1868:	22. 6.	Uraufführung der »Meistersinger«.
1869:		Baubeginn der Schlösser Linderhof und Neuschwanstein. Beginn des geheimen Tagebuchs.
	22. 9.	Uraufführung von »Rheingold«.
1870:	26. 6.	Uraufführung der »Walküre«.
	19. 7.	Frankreich erklärt Preußen den Krieg; Mobilmachung in Bayern.
	30.11.	Ludwig schreibt den »Kaiserbrief«.
1871:	10. 5.	Friedensschluß zwischen Deutschland und Frankreich.
1872:	6. 5.	Erste Separatvorstellung für König Ludwig, die sich bis zu seinem Tod auf insgesamt 209 Aufführungen

		summieren, davon 44 Opern, 154 Schauspiele und 11 Ballette.
1873:		König Ludwig zieht sich mehr und mehr in die Einsamkeit zurück und verbringt nur noch wenige Wochen im Jahr in seiner Residenzstadt.
1874:	20. 8.	Einwöchige Frankreichreise unter dem Inkognito eines »Grafen von Berg«.
1875:	Mai	Ausbruch einer schweren Geisteskrankheit bei Ludwigs Bruder Otto.
	24./25.8.	Kurzer Aufenthalt in Reims.
1876:	August	Ludwig besucht in Bayreuth zweimal die Aufführung »Ring des Nibelungen«.
1877:		Schloß Linderhof überwiegend fertiggestellt und zeitweise vom König bewohnt.
1878:	21. 1.	Grundsteinlegung für Herrenchiemsee.

1880:	Nov.	Letzte persönliche Begegnung mit Richard Wagner in München.
1881:	Juli	Ludwig reist mit dem Schauspieler Josef Kainz in die Schweiz.
1883:	13. 2.	Richard Wagner stirbt in Venedig.
1884:		Die Verschuldung der königlichen Kabinettskasse nimmt bedrohliche Formen an.
1885:		Ludwig bemüht sich verzweifelt, neue Geldquellen zu erschließen. Trotzdem werden weitere Bauprojekte erwogen, darunter ein »Byzantinisches Schloß« und die »Burg Falkenstein«, von der schon ein fertiges Modell existiert.
1886:	8. Juni	Obermedizinalrat Bernh. v. Gudden erstellt ein Gutachten über den Geisteszustand des Königs.
	10. 6.	Prinz Luitpold, ein Onkel des Königs, wird zum Regenten proklamiert.

12. 6. König Ludwig wird in Neuschwanstein festgenommen und nach Schloß Berg gebracht.
13. 6. Ludwig II. und Dr. v. Gudden ertrinken im Starnberger See.
15. 6. Sektion und Einbalsamierung der Leiche des Königs.
19. 6. Feierliche Beisetzung in St. Michael.

P. S.

[illegible]
[illegible]
an Herrn [illegible], daß [illegible]
[illegible]
[illegible]
[illegible] Königlichen
[illegible]
[illegible]
[illegible]
[illegible]
[illegible]
[illegible]
[illegible]. [illegible]
[illegible] falls
[illegible]